# 现代法律理论与实践发展探究

张景瑞　田晓润　张彤　著

辽宁大学出版社 | 沈阳
Liaoning University Press

**图书在版编目（CIP）数据**

现代法律理论与实践发展探究/张景瑞，田晓润，
张彤著． --沈阳：辽宁大学出版社，2024.8. --ISBN
978-7-5698-1672-3

Ⅰ. D90

中国国家版本馆 CIP 数据核字第 2024YW9005 号

**现代法律理论与实践发展探究**

XIANDAI FALÜ LILUN YU SHIJIAN FAZHAN TANJIU

出　版　者：辽宁大学出版社有限责任公司
　　　　　　（地址：沈阳市皇姑区崇山中路 66 号　　邮政编码：110036）
印　刷　者：沈阳市第二市政建设工程公司印刷厂
发　行　者：辽宁大学出版社有限责任公司
幅面尺寸：170mm×240mm
印　　　张：14.25
字　　　数：250 千字
出版时间：2024 年 8 月第 1 版
印刷时间：2024 年 9 月第 1 次印刷
责任编辑：李珊珊
封面设计：徐澄玥
责任校对：吴芮杭

书　　　号：ISBN 978-7-5698-1672-3
定　　　价：88.00 元

联系电话：024-86864613
邮购热线：024-86830665
网　　　址：http://press. lnu. edu. cn

# 前　　言

随着全球化和信息技术的迅猛发展，法学领域正经历着前所未有的变革与挑战。在这个日新月异的时代，法律作为维护社会秩序、保障公民权益的基石，其理论体系和实践应用不断受到新的社会现象和技术进步的冲击。为了适应这种变化，需要对现代法学进行深入的研究和探讨，以期在现代法学领域中找到新的突破，把握新的机遇。

本书正是在这样的背景下应运而生，旨在为读者提供一份全面而深入的现代法学研究资料。法学作为一门博大精深的学科，其涵盖的领域广泛，理论体系复杂。因此，本书力求从多个角度出发，对法学的各个领域进行全面而细致的探讨。从法的本质与特征、法的结构与运行，到法与社会现象的关联，尝试为读者揭示法学理论的基本框架和内在逻辑。同时，也关注法学在现代社会中的实践应用，通过案例分析和实践探讨，展示法律在各个领域中的实际作用和价值。特别值得一提的是，本书还特别关注了数字时代下的法律规制研究。随着互联网的普及和数字技术的飞速发展，虚拟财产、人工智能、网络安全等新型法律问题不断涌现，给法律实践带来了新的挑战。为了应对这些挑战，在书中对数字时代下的法律规制进行了深入的研究和探讨，以期为读者提供有益的参考和启示。

通过本书，希望能够为读者提供一个全面、系统、深入的现代法学研究平台，让读者能够更好地理解法学的基本理论和实践应用，为法学领域的发展贡献自己的力量。同时，也期待与读者共同探讨法学领域的新问题和新挑战，共同推动法学理论与实践的深入发展。

# 目　　录

# 第一章　现代法学基础

## 第一节　法的本质与特征

### 一、法的本质

(一) 反映出统治者的意志具有统一性

法的本质是体现经济、政治居于主导地位的统治者的意志，而整体上不反映被统治者的意志。这是法的初级本质。在此首先要准确地理解"意志"的含义。意志是一个心理学的概念，指的是为了达到某种目的，满足某种要求，追求某种利益，而形成的自觉的心理状态和心理过程，是一种影响和支配人们思想和行动的精神力量。意志的形成在一定程度上受到人们世界观和价值观的影响，但归根到底受制于客观规律。

第一，法律不仅必须而且可能体现统治者的意志。法律是一种制度体系，它对社会生活是一种系统、长期、全面的调整。它能够做到使整个社会生活长期、系统、全部地朝着有利于统治者的方向进行。政权问题是国家政治生活中的核心问题。某种意义上说，有了政权便有了一切，有了政权便主导整个社会生活。只有掌握整个上层建筑和国家机器，才能根据自己的意志和利益，通过国家机关制定法律、法规，并保障法律、法规的实现。而被统治者从整体上是无法通过法律来反映自己意志的。因而法律在整体上只能反映统治者的意志。

第二，从立法权观之，法律直接反映的也只能是统治者的意志。在任何历史时期或任何一个国度，立法权往往掌握在代表统治者利益的某个人或某些人手中，绝不会掌握在全体社会成员手中。在君主专制时代，君主一言可以立法也可以废法，高度集中地反映了统治者的利益。在西方国家的议会中，资产阶级占据绝大多数席位，而其他人员只占少数。这势必使其所立之法只可能充分反映资产阶级的利益与要求。这正是法律发展规律的必然要求。

第三，从法的起源和发展分析，法所反映的也只能是统治者的意志。在原始社会是没有国家和法律的。当社会发展到原始社会末期，随着私有制、阶级、剥削等现象的出现，经济、政治上居于主导地位的人们，要求建立一种特殊的规范，来确立自己的优势地位或称统治地位，将人们的活动限制在有利于自己的范围之内，以此建立一种社会关系和社会秩序。这种规范就是法律。可见法是适应政治统治的需要而出现的。在阶级社会曾经出现过四种政治统治：奴隶主的统治、封建地主的统治、资产阶级的统治、工人和人民群众的统治。与此相适应，也出现过四种不同性质的法律，即奴隶制法、封建制法、资本主义法和社会主义法。可见不同性质的法律制度，是适应不同政治统治需要而创设的。

虽然统治者的意志是由统治者的根本利益决定的，但其形成和调节仍然受被统治者的制约。统治者在制定法律之时，不能不考虑被统治者的承受能力、阶级力量的对比和阶级斗争的形势。统治者在实施自己法律的过程中，也会遇到来自被统治者方面的阻力，这种阻力会促使统治者调整其规范和立法政策。但又必须看到，在任何情况下，被统治者的意志都不能作为一种独立的意志直接反映在法律上，而只有通过统治者的筛选，吸收到统治者的意志之中，才能反映在法律之中。

（二）反映出统治者的意志具有整体性

法所反映的是经济、政治上居于主导地位的统治者的意志。所谓意志，无论是由统治者集体表达的，还是由最高政治权威表达的，都是统治者共同的、根本的和整体的意志，而不是统治者中个别人或个别利益集团意志的体现，更不是个别人的任性，这是法的二级本质。共同意志，也并非统治者各个成员意志的简单相加或称混合意志，而是由统治者的正式代表，以共同的根本的利益为基础，所集中起来的一般意志。

统治者作为一种群体之所以能够存在和发展，尤其发展成为在社会生活中居于主导地位的群体，是因为在统治者中存在一种连接各组成部分的纽带；倘若缺乏这种纽带，这一群体是不可能存在的，更何谈统治者。这种纽带就是统治者赖以存在的物质生活条件以及由此而体现的共同意志。在统治者中间，尽管各阶级、阶层和利益集团，存在这样或那样的矛盾与纠纷，但这种矛盾与纠纷不允许损害统治者的共同利益和根本意志，倘若有人企图使个人利益或小集团的利益凌驾于统治者的共同利益之上，则必将被整个统治者所抛弃。

虽然法所体现的是统治者的根本意志，但统治者的有关机关、组织及代表人物，并不是始终能够把本阶级的意志准确、全面、充分地反映在法上。有的法反映某个阶层的意志多些，反映另一些阶层的意志少些，甚至有的因立法者认识上的错误及其他原因，而背离统治者的重大利益。这种情况经过内外的曲折、复杂的斗争，经过不断的总结经验与教训，会不断得以调整与校正。总之，部分法律规定不符合统治者的要求，这是偶然的现象；作为具体法律规定的总和，是统治者共同、根本意志的反映。这是法律发展的必然规律。

（三）反映出统治者的意志具有物质制约性

揭示法所体现的是统治者的意志，这仅仅是对法本质的浅层次理解，而认识到法所体现意志的内容，是由一定的物质生活条件决定的，才是对法深层次本质的深刻理解。

所谓物质生活条件，是指与人类生存相关的地理环境、人口状态和生产方式。其中生产方式具有决定性意义。生产方式是指生产力与生产关系的对立统一，生产力是社会发展的最终的决定因素。而生产关系是人与人之间最根本的社会关系，其他关系包括法律关系，都是由其派生和决定的。

法所反映意志的内容，是由一定的物质生活条件决定的。这一命题包含三层意思：一是法所反映的并非凭空想象的意志，而是以物质生活条件为基础的；二是这种意志的内容，不能超越特定时期物质生活条件所允许的范围；三是物质生活条件是客观存在的，随着这种条件的不断变化与发展，法所反映意志的内容也在不断变化与发展。

法总是同一定的财产关系相联系，确认一定形式的生产资料占有事实；法又总是适应一定的交换方式，反映一定交换方式的要求，使个人服从生产和交换的一般要求；法也总是适应一定的分配方式，贯彻一定的分配原则。

谈及法所反映意志的内容，是由一定的物质生活条件决定，意味着法具有客观性，并非以人们的主观意志为转移。然而，法又是由人们制定或认可的，由人们组成的国家机关去保障实施的，离不开人的主观能动性。因而法应当是人的主观能动与客观存在的统一。虽然法所反映意志的内容，是由一定的物质生活条件决定的，但不排除立法者对客观实际状况的认识有误，而使所立之法背离经济发展的要求。但随着对经济规律和社会实际认识的深化，人们会不断调整、修正法律的规定，使法律最终回到经济关系和客观情况制约的轨道。

谈及法所反映意志的内容，是由一定的物质生活条件决定，这是从最终决定意义上分析的。除了物质生活条件之外，社会上政治、文化、思想、道德、历史传统、民族习俗、科技等因素，都可能对法治建设和法所反映意志的内容产生不同程度的影响，这种影响甚至可能也是决定性的。因为法律是置身于社会生活之中的，其必然与社会生活中许多因素发生普遍的联系。倘若不考虑上述因素，人们就无法解释为何受同样或类似的物质生活条件决定的法律之间，会发生那么大的差别，为何几个国家，或一个国家的不同地区，或一个国家的不同发展时期经济发展水平相同，而其法律制度存在差别甚大的情形。社会各种因素对法律的影响，虽使法呈现出不同的形式和特点，但并不能根本改变法的本质及法所反映的意志。建立在同样经济基础之上的法律制度，必然要反映相同意志的内容，这是不以人的意志为转移的。

## 二、法的特征

法的特征是法本质的外化，是法的本质属性在现象上的反映。只有认识特征这种较为表层的属性，才能进而认识法的深刻本质。法的特征是法这种现象区别于其他社会现象之处，是法特有的属性；认清了法的特征，在某种意义上即认识到了法为何物。

（一）法是调节人们行为和社会关系的特殊规范

法是一种行为规范，人们以此将法与上层建筑的其他部分，诸如思想意识、国家和政党等区分开来。而行为规范又包括技术规范和社会规范。技术规范是调整人与自然的关系，反映自然的规律，规定人们如何使用自然力、劳动工具和劳动对象的规则。而社会规范是调整人与人关系的规则。法是一种社会规范，人们以此将法与技术规范区别开来。而社会规范又包括道德规则、党的政策、社团章程、厂规厂法、乡规民约等。法所具有的特殊规范性，使法与其他社会规范区分开来。法是一种特殊的社会规范，法所具有的特殊规范性具体表现在以下方面：

1. 法律规则具有逻辑性

一个独立存在的法律规则，从理论上分析，均具有条件、行为模式和法律后果这三部分。条件是指适用该规则的情况和条件的假定部分；行为模式是指文献对某一特定行为的设定；而后果是指作出某种行为所招致后果的部分。在社会规范中，只有法律规则才具有严密的逻辑结构，其他规范是不具有的。

2. 法律规则具有概括性

所谓概括性，是指法所适用的对象是一般的人和抽象的人，而非具体的人和特定的人；在同样的情况和条件下可以反复适用，而不仅适用一次；同样情况同样适用。正是这种概括性，将规范性法律文件与非规范性法律文件区分开来。规范性法律文件是一定的国家机关制定要求人们普遍遵守的文件，具有普遍的约束力；非规范性法律文件，是指由国家机关发布的仅对个案、个别人或个别事有效的文件，如判决书、逮捕证书、公证书、结婚证书、驾驶执照等。这种文件虽然对个案和特定情况具有效力，但不具有普遍的约束力。法所具有的概括性远比一般的社会规范要强，这反映出法律规则对人们活动的规制比一般社会规范要广泛、稳定得多。

3. 法律规则具有预测性

所谓可预测性，是指由于法律规则的设置，人们事先就知道自己或他人的行为在法律上是否有效，是否违法，是否犯罪，以及违法犯罪程度如何等。只要法律规定是明确的，人们又知道这种规定，人们按照法律提供的行为模式活动，则能够自然而然形成国家所要求的社会关系和社会秩序。这种可预测性与法所具有的强制性和威慑力相结合，起到强有力的事先规制的作用，对人们今后的活动产生重大的影响，这是其他社会规范所无法做到的。

（二）法具有国家意志性

法反映统治者的意志，但并非反映统治者意志的规范都是法。法不仅反映统治者的意志，而且必须反映国家的意志。作为社会规范，只有上升为国家意志，被"奉为法律"具有国家意志性，才真正属于法律。

法律具有国家意志性，具体体现为很多方面，主要包括：①法律以国家的名义出现，冠以国家或国家机关的名义；②法律是由国家机关制定或认可；③法律由国家强制力保证实现；④法律由国家专门机关加以推行；⑤法律的适用范围以国家地域为界限等。而最能直接、充分反映国家意志性的，是法由国家制定、认可或解释。

法律的制定、认可和解释，是法律创制的途径。所谓制定，是指特定的国家机关根据法定的权限和程序，制定出具有不同法律效力规范性文件的活动。所谓认可包括三种情形：①对习惯的认可，即国家机关赋予社会生活已经存在的规范以法律效力；②赋予判决以普遍的约束力；③通过加入国际组织，承认国际条件等方式，认可国际法的规范。法律创制不仅包括法律制定或认可这两种形式，还包括法律解释这样一种再创造的过程。所谓法律解释，在此仅指有效解释，是指国家机关根据一定的权限和程序，依据一定的标准或原则，对法律所做的进一步说明。

法的意志性又引申出统一性和权威性。既然法律是由国家制定或认可的，具有国家意志性，并由国家强制力保障实施，则法律就具有高度的统一性和极大的权威性。法的统一性，意味着一个国家只能有一个法律体系；法的实施在国家权力有效的范围内是统一的，普遍有效的。这种统一性，是其他社会规范所不具有的。几乎在每一个国家，都同时存在不同的道德体系、风俗习惯、政治规范体系等。法的权威性，是指法的不可违抗性，任何国家都不会对严重的违法行为放任自流。

（三）法是以权利义务为内容的社会规范

法总是以权利义务为机制，来影响人们的行为，调整一定的社会关系的。法的要素包括法律规则、法律原则和法律概念，但无论什么法律制度，都是以法律规则为主，而法律原则的设置和法律概念的使用，都是为了反映法律规则的内容。而法律规则就是权利义务的规定。无论法律的性质如何不同，但只有一种情形是同一的，即以权利义务为内容。法律规范无非分为授权性规范、命令性规范和禁止性规范。授权性规范是规定人们可以做什么或不做什么的规范，这实际是规定人们的权利；命令性规范是规定人们必须做什么的规范，这实际是规定作为的义务；禁止性规范是规定人们不得做什么的规范。这实际是规定不作为的义务。

通过设定权利义务来引导人们的活动，不限于法律一种，政策、党章、团章、道德等都采取这类调整机制。然而法律设定权利义务，明显具有"双向性"和"利导性"。法律不仅规定人们的义务和职责，更注重确立和保护人们的权益。义务是权利的范围和界限，权利也是义务的范围与界限。法律上只要规定了权利，就必须规定相应的义务。义务往往是以约束和强制机制作用于人们的行为，而权利往往是以利益导向和激励机制作用于人们的行为。

倘若对人们行为的作用，仅仅与命令和禁止相联系，是不一定能够奏效的，反而有损人们的主动性和创造性。只有通过设置授权性规则，注重保护人们的合法权益，才能充分发挥人们的积极性、创造性。而政策、伦理道德、党章团章等，往往强调责任和义务，强调对他人、对社会、对党团、对神明的义务与责任，强调个人的献身精神。尽管这些规范也多少规定一些人们的权利，但由于人们加入党团或信教等，一般出于精神上的需要，因而权利义务的设定往往有失平衡。

（四）法具有普遍性

法所具有的普遍适用性，是指法作为一般的行为规范，在国家权力管辖范围内，具有使一切国家机关、社会组织和公民个人一体遵守的效力与属性。其包括两层基本含义：一是适用对象的广泛性。在一国主权管辖范围内，任何人的合法权益都平等地受到保护，任何人的违法犯罪都无例外地受到制裁；二是法律效力的重复性。在同样的情况下，法律可以反复适用，而不是适用一次。

法具有的普遍适用性，是由法所具有的国家意志性和国家强制性所决定的。既然法具有国家意志性，是由国家机关制定或认可的，又具有国家强制性，由国家强制力保障实施，其必然要求在该国主权管辖范围内生效，对该国的机关、组织和个人均有约束力。法的普遍适用性是全面实现法所具有的国家意志性和强制性的必备要件。

法具有的普遍适用性，从法所具有的实际效力考量，一般应当在该国主权管辖范围内有效。从维护国家主权考虑，不排除有的法具有域外效力，要求该法对国外的人、活动及其关系具有约束力。法具有普遍适用性，并不意味着所有的法都在该国主权管辖范围内有效。有的法因制定法律的主体和立法的意图不同，可能要求其效力局限于一定范围。

法具有普遍适用性，并非意味着法的效力遍及社会生活中的所有活动和关系。实际法只调整部分社会关系或一定社会关系的某些方面，即对于统治者而言至关重要的社会关系。而社会生活中大量的活动和关系，是由道德、政策、习俗等社会规范来调整。法律实际只在法所规范的范围内才具有普遍的约束力。

法具有的普遍适用性，是法区别于其他社会规范的又一特征。只有法律在整体上为社会生活提供了统一的行为模式，要求所有的机关、组织和个人一体遵守。而其他社会规范，则不可能提供统一的标准，并要求人们一律遵行。关于道德，不同阶级、阶层和利益集团，往往有不同的道德标准和价值取向，实际上不存在所有社会成员共同遵守的道德规范体系。

## 第二节 法的结构与运行

### 一、法的结构

（一）法律关系

"法律关系之产生、变更与消灭，是一个规范逻辑的进程。各法律概念在此进程中随着主体的行动依次出现，不同概念之间的规范逻辑关系亦得以呈现。对诸法律概念在法律关系发展进程中的规范逻辑关系进行讨论，有助于深入理解各法律概念极其复杂联系。"[①] 法律关系是法律规范在调整社会关系的过程中形成的人们之间的权利义务关系。

1. 法律关系的分类

（1）一般法律关系与具体法律关系。依据法律关系主体的具体化程度不同，可以将其划分为一般法律关系和具体法律关系。

一般法律关系是根据宪法形成的国家、公民、社会组织及其他主体之间普遍存在的社会关系。例如，拥有中华人民共和国国籍的人就是中华人民共和国公民，根据公民的基本权利和基本义务产生的关系属于一般法律关系，它不是由于某一具体事实而产生的，而是由于长久的事实状态引起的。一般法律关系是具体法律关系的基础，一般法律关系的权

---

① 李旭东. 论规范逻辑进程中的法律概念 ［J］. 哈尔滨工业大学学报（社会科学版），2021，23（04）：52.

利和义务通过具体主体之间的法律关系而具体化，是具体主体权利与义务实现的初始阶段。

具体法律关系需要有确定的具体的主体以及相应的法律规定，而且，还要有真实发生的具体事实。

（2）绝对法律关系和相对法律关系。进行二者区分的时候，主要看法律关系主体，如果主体是单方具体化，那么就是绝对法律关系；反之，如果是双方具体化，那么就是相对法律关系。

绝对法律关系中的主体权利人是具体的，而义务人是除了权利人之外的所有人。最典型的绝对法律关系是所有权关系。

相对法律关系中的主体权利人和义务人都是具体的。最典型的相对法律关系是债权关系。

（3）平权型法律关系与隶属型法律关系。依据法律关系主体之间相互地位的不同，可以将其划分为平权型法律关系和隶属型法律关系。

平权型法律关系，即法律关系主体之间的地位是平等的，相互间没有隶属关系。民事法律关系调整平等主体之间的财产关系和人身关系，是典型的平权型法律关系。

隶属型法律关系，即法律关系的主体之间是相互隶属的，一方服从于另一方。行政法律关系是典型的隶属型法律关系。

2. 法律关系的主体

法律关系的主体是指法律关系的参加者，即在法律关系中依法享有权利和承担义务的人或组织。其中，享有权利的一方称为权利人，承担义务的一方称为义务人。作为法律关系的主体，应该具备一定的资格和能力，包括权利能力和行为能力。法律关系主体的权利能力，是法律关系主体享有权利和承担义务的资格。权利能力对公民来说有两大类：一是一般权利能力，为所有公民终生享有，如民事上的名誉权；二是特殊权利能力，即与公民的年龄、身份等条件相联系的权利能力，如享有选举权和被选举权的政治权利需要达到法定的年龄才具有。

法律关系主体的行为能力，是指法律承认的、法律关系主体通过自己的行为取得的享有权利和承担义务的能力。可见，行为能力意味着主体对自己的行为及其后果具有认识和判断能力，既能独立享有权利，又能有效履行义务。从这个意义上讲，一个主体的权利能力和行为能力并非自然一致。世界各国的法律一般把本国公民划分为完全行为能力人、限制行为能力人和无行为能力人。

在我国，法律关系的主体可以分为：①自然人，指中国公民，也指居住在中国境内或在境内活动的外国公民或无国籍人，具有中华人民共和国国籍的中国公民是多种法律关系的参加者；②机构和组织，主要包括各种国家机关和各种企事业组织；③国家，中华人民共和国作为一个主权国家，对内是许多法律关系的主体，对外是一系列国际法律关系的主体。

3. 法律关系的客体

法律关系的客体是法律关系主体之间权利和义务指向的对象，是构成法律关系的要素之一。

（1）物。法律意义上的物是指由法律关系的主体支配的、在生产和生活中所需要的客观实体。物可以是劳动创造的，也可以是天然存在的（如土地、矿藏等）；可以是有固定形状的，也可以是没有固定形状的（如天然气）。并不是一切天然存在的物都可以是法律关系的客体，尚未被人类认识和控制或不能给人们带来物质利益的，就不可能成为法律关系的客体。哪些物可以作为法律关系的客体和作为哪些法律关系的客体，应由法律具体规定。

（2）精神产品。精神产品是非物质财富，属于人类精神文化现象，是人类及个体精神活动物化的结果，其中包括知识产品和道德财富。精神产品是主体从事智力活动所取得的非物质财富，道德财富则是指主体在各种社会活动中所取得的物化或非物化的道德价值。

（3）行为结果。作为法律关系客体的行为结果，主要是指义务人完成其行为所产生的能够满足权利人要求的结果。

4.法律关系的内容

（1）法律权利。法律权利指的是法律赋予权利人满足自身利益的权利或者权利人享有的由其他人提供权益保障的权力。通常情况下，可以把法律权利的组成内容分成三个方面：首先，包括权力主体自己行使的权利；其次，权力主体具有的要求他人完成法律义务的权利；最后，权力主体自身权利受到其他人的损害时，向国家机关请求权益保护的权利。

（2）法律义务。法律义务是法律规定的义务人应当按照权利人的要求从事一定行为或不行为，以满足权利人的利益的法律手段。法律上的约束力表现为义务人必须依照法律或具有普遍约束力的指令或契约的要求，做出一定行为或不做出一定行为。前者是一种作为，要求行为人采取积极的行为来履行自己的义务，如赡养父母、纳税等；后者是一种不作为，即行为人以消极的行为来履行自己的义务，如禁止非法拘禁、禁止非法搜查等。

（3）法律权利和法律义务的关系可以解释为：①权利和义务紧密相连，任何权利的实现都是以相应义务的履行为前提的，而义务的履行又往往以实现相应的权利为条件，没有无权利的义务，也没有无义务的权利；②权利与义务大多是相互对应的，一方的权利，正是一方的义务，而一方的义务，正是一方的权利；③权利和义务不是绝对的，法律关系主体的同一行为既可以是权利也可以是义务。

（二）法律部门

法律部门又称部门法，是根据法律规范所调整的社会关系的不同以及与之相适应的调整方法的不同对法律规范所做的分类。

第一，宪法。宪法是我国的根本法，它规定我国的各种根本制度、原则和方针，公民的基本权利和义务，国家机关的组织与活动原则等带有根本性、全局性的问题，在我国的法律体系中居于核心地位，不但反映了当代中国法的本质和基本原则，也确立了其他部门法的指导原则。

第二，行政法。行政法是有关国家行政管理活动的法律规范的总称，其调整对象主要是国家行政机关之间及国家行政机关与企事业单位、社会团体以及公民间的行政管理关系。行政法中涉及的道德规范主要有行政管理体制规范、行政机关活动开展的方式规范、方法规范以及程序规范、行政管理基本原则规范、国家公务员规范。

第三，民法。具体来讲，民法指的是处理平等公民和公民、法人和法人以及公民和法人之间产生的有关财产或者人身方面的问题的法律规范。民法在处理财产关系的时候并不能够处理全部财产关系，它只调整平等主体之间发生的财产关系，如所有权关系、债权关系等。

第四，经济法。经济法指的是有关国家经济管理活动中各项经济关系的具体法律规范。在商品经济不断发展、市场经济体制不断完善的过程中，经济法也慢慢地形成了。而且，经济发展的建立和完善有利于国家对经济发展进行宏观调控。经济法的内容相当广泛，主要包括有关企业管理的法律，财政、金融、税务方面的法律，宏观调控方面的法律以及有关市场主体、市场秩序方面的法律等。

第五，刑法。刑法是规定犯罪、刑事责任和刑罚的法律。我国刑法的主要作用是用刑罚的方法同一切刑事犯罪做斗争，以巩固人民民主专政，保护广大人民群众的权利和自由，维护安定团结的政治局面和良好的社会秩序，保障社会主义现代化建设的顺利进行。在刑法这一法律部门中，主要有刑法典，此外，还有一些单行法律、法规和其他规范性法律文件。

第六，诉讼法。诉讼法是有关诉讼程序的法律规范的总称。诉讼法的主要任务是通过规定和实施严格的诉讼程序，保证相应的实体法的正确实施，保证实体权利和实体义务的实现。我国的诉讼法主要是民事诉讼法、刑事诉讼法和行政诉讼法，此外，与诉讼有关的法律、法规还包括律师法、公证法、调解法和仲裁法等。

第七，劳动和社会保障法。劳动法是调整劳动关系的法律，社会保障法是调整有关社会保障和社会福利的法律。这一部门法的内容主要包括劳动关系的订立和解除程序、集体合同的签订和执行方法、劳动保险制度、休假制度和退休制度、职工培训制度、工会的组织与权利义务、劳动纪律、劳动争议的处理方法、社会保障等方面的法律关系。

第八，军事法。军事法是有关军事管理的法律规范的总称，主要规定关于武装部队和其他军事人员的组织、任务、职责等。我国现行的军事法律包括国防法、兵役法、中国人民解放军军衔条例等法律、法规。

（三）法律汇编与法典编纂

法律汇编是指在不改变内容的前提下，将现行的法律文件按照一定的标准（如制定时间顺序、涉及问题性质）加以系统排列，汇编成册。

法典编纂是指在对某一部门法的全部现行法律规范进行审查、整理、补充、修改的基础上，制定新的系统化的规范性法律文件——部门法典的活动。

法律汇编和法典编纂各有特点，其区别主要表现在以下三个方面：

第一，法律汇编与法典编纂的内容不同。法律汇编只能对原有规范性文件或法律条文进行外部组织整理，不能改变法律规范的内容；法典编纂则要对原有规范进行加工，废止和修改某些规范，以消除矛盾和重叠的部分，补充新的规范以填补空白，因此，法典编纂必然要变动原有规范性文件的内容。

第二，立法技术要求不同。法律汇编只是将原有规范性文件或法律条文按一定顺序排列整理，汇编成册；法典编纂则必须在重新审查某一部门法的全部现行法规的基础上，按法律体系的构成要求和法典编纂的特定方式和技术，重新组织全部法律规范，是所有规范性文件系统化方式中最具系统性的一种。

第三，性质不同。法律汇编不是创制法的活动，许多主体都可以根据自己的需要进行法律汇编；法典编纂则是一种重要的国家立法活动，只能由国家立法机关依法定程序进行。

（四）法律责任与法律制裁

1. 法律责任

法律责任有广义和狭义之分。广义的法律责任，既包括在合法状态下，依法律规定或合同约定而产生的各种应尽义务，也包括由于实际违反法律规定应具体承担的强制履行义务；狭义的法律责任则专指后一种情况，即行为人对自己的违法行为应当承担的带有强制性的法律后果。法律责任的主要特点如下：

（1）承担法律责任的最终依据是法律。只有法律做了某种规定，人们才承担某种相应的法律后果。

（2）法律责任与违法相联系，如果没有违法，就不承担法律责任。

（3）法律责任以国家强制力做保障，依靠国家强制力使违法者承担相应的法律责任。

（4）法律责任必须由国家司法机关或其他国家授权的机关予以追究，其他任何组织和个人都无权行使这种职权。

2. 法律制裁

法律制裁是指国家专门机关对违法者依其应负的法律责任而采取的强制性惩罚措施，是国家保证法的实施的重要形式。

（1）刑事制裁。刑事制裁是指司法机关对触犯刑律的犯罪人，依其应负的刑事责任而施加的制裁，又称刑罚，它是最严厉的法律制裁。

（2）民事制裁。民事制裁是指国家司法机关对违反民事法律、法规的违法者，依其应当承担的民事法律责任而实施的制裁措施。

（3）行政制裁。行政制裁是由主管的国家行政机关或法律授权的社会组织，对公民、下级行政机关和其他社会组织违反行政管理法律、法规的行为进行的制裁。

（4）违宪制裁。违宪制裁是指依据宪法的特殊规定对违宪者实施强制性措施。违宪制裁权由监督宪法实施的国家机关行使。

## 二、法的运行

（一）立法

1. 立法的概念与形式

立法，是国家机关根据具体的法定程序或者法定职权对规范性法律文件或者认可法律规范的活动进行规则制定、规则修改或者规则废止的活动。立法概念有两个维度：首先，广义的维度，从这个角度理解立法，可以把它看成由有法律规范创制权的国家创设的能够产生法律效应相应规范文件的一种活动；其次，狭义的维度，从这个角度理解立法，可以把它看成是由国家权力机关以及常设机关根据相应的法律程序对之前的法律文件进行制定、修改或废除的过程。

根据法的创制方式和表现形式的不同，可以把法的创制分为制定法律规范和认可法律规范。制定法律规范包括制定、修改、废止，即国家机关依照法定权限范围和程序，根据社会生活的需要，运用立法技术，创造或变动一定行为规范的活动。认可法律规范是指国家机关根据社会需要，将社会生活中已经以其他形式（如道德、政策、习惯等）存在的一些行为规范认可为法律规范，赋予其法律效力。

2. 我国立法的指导思想与基础原则

（1）我国立法的指导思想。我国处于社会主义初级阶段，国家在这一阶段的基本任务是根据建设中国特色社会主义理论，集中力量进行社会主义现代化建设：以经济建设为中心，坚持四项基本原则，坚持改革开放，建设富强、民主、文明、和谐的社会主义现代化国家。这是我国立法的根本指导思想。

（2）我国立法的基础原则。立法原则是指导立法主体进行立法活动的基本准则，是立法过程中应当遵循的指导思想。我国立法的三大原则主要包括以下内容：

第一，法治原则。它指的是所有立法活动的开展都要遵循宪法的要求，要能够体现宪法精神，所有活动必须有法可依，而且有关立法的主体权限或者程序必须按照法律规定设置，作为国家立法机关，需要遵守法律规范行使自身的立法职权，履行自己的立法职责，从国家整体利益出发，维护社会主义法制的统一和权威。

第二，民主原则。立法应当体现广大人民的意志和要求，发扬社会主义民主，保障人民通过多种途径参与立法活动。

第三，科学原则。立法必须遵循实事求是的原则，根据社会的客观实际进行立法，并且反映出客观规律。立法工作的开展需要工作人员保持理性，要发现立法现象背后存在哪些必然联系，找出立法工作存在的规律，从科学的角度确定社会公民、法人或者社会组织享有哪些权利、应该履行哪些义务，也从科学的角度规定国家机关的权利以及国家机关要承担的责任，应十分重视立法的技术和方法，提高立法的质量。

（二）法的实施

法的实施包括执法、司法和守法。法自身不能自动实施或实现，法的实施必须通过两个途径：一是一切国家机关、社会团体、公职人员和公民自觉行使权利和履行义务；二是依靠专门国家机关和公职人员行使职权、依法办事，把法律规定运用到具体的人或组织。前者称为"法的遵守"，后者称为"法的适用"。

法的遵守，即"守法"，是法的实施的基本形式，其内容包括三个方面：①权利的行使；②积极义务的履行；③禁令的遵守。法的适用是法的实施的另一种形式。法的适用的基本要求是正确、合法、及时。

1. 执法

执法指的是国家行政机关以及行政机关中的工作人员根据自身职能履行自己的工作责任开展法律实践活动的过程。

（1）执法特点。

第一，执法是国家对社会进行综合治理的过程，所以，它代表了国家的权威，社会大众应该服从于执法机关的相关执法活动。

第二，国家行政机关的执法权力需要执法主体来行使，也就是行政机关以及行政机关中的工作人员。执法主体大致可以分成两种，分别是各级别的地方政府、中央政府以及政府中的相关行政职能部门。

第三，执法有明显的强制性特征，行政机关执行法律的时候也行使了行政机关具有的执法权。

第四，执法有鲜明的主动性特征，也就是行政机关要积极主动地履行自己执行法律的职责，而且它具有单方面性，也就是说没有行政相对人请求的情况下也可以执法。

（2）执法原则。执法原则主要包括三个方面：第一，要依法行政，也就是说执法不能超过法律规定的权限，要按照法定程序进行执法，依法行政也是国家开展行政活动要遵循的基本原则；第二，执法效率原则，也就是说行政机关要积极主动地参与执法，要主动提高执法效率，获得更大的行政执法效益；第三，公平合理原则，行政机关在严格执行规则的前提下应做到公平、公正、合理、适度。

2. 司法

司法是指国家司法机关根据法定职权和程序，具体运用法律处理案件的专门活动。

（1）司法的特点。司法的特点主要包括：①司法是由特定的国家司法机关及其公职人员，按照法定职权实施法律的专门活动，具有国家权威性；②司法是司法机关以国家强制力为后盾实施法律的活动，具有国家强制性；③司法机关必须严格按照法定职权和程序，运用法律处理案件，有严格的程序性，法定程序是保证司法公正、正确、及时的前提；④司法必须有明确表明法的适用结果的法律文书，如判决书、裁定书、决定书等。

（2）司法机关适用法律必须遵循的基本原则。

第一，司法公正和效率。司法公正是法的精神的内在要求，也是维护社会正义的最后一道防线。只有通过公正地审理案件，才能惩治犯罪、保护人民，保护当事人的合法权益，从而达到维护社会稳定、促进经济发展的目的。效率和公正不是截然分开的，迟来的公正不是完整意义上的公正，司法机关必须在保证公正的前提下提高司法效率。

第二，所有公民在法律面前都是平等的。具体来讲，公民在法律面前一律平等涉及的含义主要有三个：①我国法律适用于所有公民，也就是说适用于所有民族、种族、职业、财产状况、性别不同的人，所有人都不会因为存在某些方面的差异就享有特殊权利或特殊义务；②所有权利受到侵犯的公民都可以得到法律的保护；③诉讼过程中也要保证当事人相关诉讼权利的依法享有；④无论是公民还是组织，一旦发生违法犯罪行为，就要承担法律责任。

第三，把事实作为基本依据，把法律当作准绳。司法机关在审理案件的时候，必须尊重基本事实，不能代入自己的主观判断，也不能先入为主。而且，进行审判的时候必须把法律当作唯一准绳，必须做到有法可依、严格执法，只有做到了依法审理，才能保证最终的案件处理结果是正确的，是公平公正的，才能真正地保护人民的权益，才能真正地惩罚犯罪行为。可以说，有法可依、严格执法是维护国家利益、个人利益的根本途径。

第四，司法机关依法独立行使职权。我国宪法和法律规定了司法机关独立行使职权的原则，其含义是：①司法权具有专属性，国家司法权包括审判权以及检察权，这两种权力的行使者必须是审判机关以及检察机关，除此之外没有其他的机关、个人或者团体可以行使司法权；②司法权的行使具有独立性，法院以及检察院需要独立行使自己的职权，不可以让自己的职权受到其他组织、个人或者团体的侵犯；③司法权的行使需要体现出合法性，也就是行使权利必须在法律允许的范围内，不能滥用职权。

3. 守法与违法

（1）守法，指的是要遵守法律。社会中的公民、组织以及法人必须根据法律要求的内容规范自己的行为，按照法律规范行使自己的权利、履行义务，国家机关、政党、社会团体、武装力量、企事业单位也要遵守国家法律，所有违反法律的行为都会受到责任追究，社会中的所有个人组织具有的权利都不能超过宪法以及法律规定的权利范围，也就是说，我国社会中的所有人都要遵守法律，都要承担守法义务。

（2）违法。违法是指具有一定主体资格的公民或组织由于主观上的过错所实施的具有一定社会危害性、依照法律应当予以追究的行为。违法行为必须具备以下四个条件：

第一，违法必须是一种违反法律的行为，即具有本身行为的违法性。它包括两层含义：①行为必须具有违法性，只有违反了现行法规才构成违法；②违法必须是一种行为，单纯的思想或意识活动并不构成违法，只有当内在的思想或意识表现为外在的行为时，才可能构成违法。

第二，违法通常总要在一定程度上侵犯法所保护的社会关系，行为结果具有社会危害性。需要明确的是：危害社会的后果既包括客观上已经造成危害的情况，也包括没有实际造成但法律上认为可能明显造成危害的情况。危害后果既包括物质上的，也包括精神上的。

第三，违法行为的主体必须是实施违法行为、具有相应的责任能力的公民、法人或其他组织。

第四，违法行为的主观方面是指行为人主观上有过错。这种过错是故意或过失。故意是指行为人明知自己的行为可能发生危害社会的后果，并希望或放任这种结果的发生；过失是指行为人应当预见到自己的行为可能发生危害社会的后果，因为疏忽大意没有预见到或虽已预见到但轻信能够避免，以致发生危害后果而构成违法。如果行为人虽客观上造成了危害后果，但主观上并没有过错，则不能构成违法。根据违法行为所违反的法律和所侵犯的社会关系，可以将其分为刑事违法、民事违法、行政违法和违宪。

（三）法律解释

法律解释有广义、狭义之分。广义的法律解释是指国家机关、组织或公民个人对现行法律规范或法律条文的内容、含义以及所使用的概念、术语等做必要说明；狭义的法律解释是国家机关的专有活动，只有被授权的国家机关才能在职权范围内进行法律解释。通过法律解释，可以使法律规范的内容更明确、更具体，适应客观发展规律，并保持法律的稳定性，做到稳定性和灵活性的统一；通过法律解释，可避免由于对法律理解不一致而影响法律的准确适用和统一实施。按照不同的标准，法律解释可以做出以下不同的分类：

1. 正式解释和非正式解释

根据解释的主体和法律效力不同，可分为正式解释和非正式解释。

（1）正式解释。也被叫作官方解释、法定解释。它指的是国家机关针对自己职权范围内的法律条例作出的具有法律效力的相关解释，按照正式解释的机关类型不同，可以将正式解释分成立法、司法以及行政三个方面。

第一，立法解释。立法解释指的是制定法律的国家机关对法律条例作出的解释，它可以对立法进行一定的内容补充，而且立法解释具有的法律效力和法律本身是相同的。

第二，司法解释。司法解释是司法机关在适用法律过程中，对具体应用法律问题所做的解释。在我国，司法解释属于国家最高司法机关在适用法律过程中对具体应用法律问题所做的解释，按解释主体的不同，可分为审判解释和检察解释。审判解释是最高人民法院在审判过程中对具体应用法律问题所做的解释；检察解释是最高人民检察院在检察工作中对具体应用法律问题所做的解释。最高人民法院和最高人民检察院所做的司法解释，对各级人民法院和人民检察院的司法活动有普遍的约束力。

第三，行政解释。行政解释是有权解释法律的行政机关在其权限范围内，对具体应用法律问题所做的解释。在我国，行政解释包括两种：一是国务院及其主管部门对不属于审判和检察工作的其他法律如何具体应用问题所做的解释；二是省、自治区、直辖市一级的人民政府主管部门对属于地方性法规具体应用问题所做的解释。

（2）非正式解释。非正式解释也称非法定解释、无权解释，是指未经授权的国家机关、社会组织或公民个人对法律规范所做的没有法律效力的解释，其不被作为执行法律的依据，非正式解释包括学理解释和任意解释。

第一，学理解释。学理解释是指在学术研究、法学教育和法制宣传中对法律规范的内容、含义等所做的解释。

第二，任意解释。任意解释是指一般公民、当事人、辩护人等按照自己的理解对法律规范的内容、含义等所做的解释。

2. 字面解释、限制解释与扩充解释

根据法律解释的尺度不同，可分为字面解释、限制解释和扩充解释。

（1）字面解释。字面解释是严格按照法律条文的字面含义所做的解释。

（2）限制解释。限制解释是指窄于法律条文的字面含义的解释。

（3）扩充解释。扩充解释是指关于法律条文的字面含义的解释。

3. 语法解释、逻辑解释、系统解释与历史解释

（1）语法解释。语法解释是指对法律条文的语法结构、文字排列和标点符号进行分析，以便阐明法律的内容和含义。

（2）逻辑解释。逻辑解释是指采用形式逻辑的方法分析法律结构，以求对法律的确切理解，这种解释的基本原则是要使法律解释符合思维的基本规律。

（3）系统解释。系统解释是指通过分析某一法律规范，在整个法律体系和所属法律部门中的地位和作用，来揭示其内容和含义。

（4）历史解释。历史解释是指通过法律文件制定的时间、地点、条件等历史背景材料的研究，或通过将这一法律规范与历史上的同类法律规范进行比较研究，来阐明法律规范的内容和含义。

# 第三节　法与社会现象的关联

## 一、法与经济

（一）经济对法的作用

法是由其经济基础和通过经济基础反映出来的生产力发展水平所决定的。"法律制度与经济发展有非常密切的联系，二者之间相互作用，法

律之于经济有先在性的内在联系，经济现象也内含有一定的法律逻辑机理"①。当经济发展到一定阶段而使社会分裂为阶级的时候，作为一种特殊的社会规范的法，便成为必要而产生。一定生产关系的性质以及决定着该生产关系的生产力发展水平，决定着以该生产关系为基础的法的本质和基本特征。有什么性质的经济基础，就有什么性质的法。经济是第一性的、决定性的因素，法是第二性的、派生的现象。法随着经济生活的需要而产生，随着经济生活的变化而变化。

（二）法对经济的作用

法对其经济基础和通过经济基础对生产力的发展又有重大的反作用。主要表现为：法确认、保护和发展自己的经济基础（即统治阶级赖以生存的一定生产关系），限制、阻止不利于统治阶级的生产关系的出现和发展，或者取缔和消灭这种生产关系。法对经济的反作用归结起来，有两种情况，即促进作用或阻碍作用。当法确认、保护和发展着适合生产力发展的生产关系时，法就起着促进生产力发展的作用；当法确认、保护和发展着不适合生产力发展、阻碍生产力发展的生产关系时，法就起着阻碍生产力发展的作用。

## 二、法与道德

（一）法与道德的区别

法与道德的区别主要表现在以下六个方面：

第一，法通常由国家制定的宪法、法律、法规等规范性文件和国家认可的习惯表现出来，成为国家意志。道德通常存在于人们的意识中，是通过社会舆论确立的。

第二，法由国家强制力保证实施，违法行为会引起相应的法律制裁。道德依靠人们的信念、社会舆论以及习惯力量来维持。不道德行为会受到人们的谴责，从一定意义上说，这也是一种强制，但同国家强制有重

---

① 张艺潇. 分析法律对经济发展的作用 [J]. 今日财富, 2020 (06)：181.

大区别。

第三，法是阶级社会所特有的历史现象，始终具有阶级性。道德则贯穿于整个人类社会，在原始社会和将来的共产主义社会中，道德不具有阶级性；只在阶级社会中，道德才具有阶级性。

第四，只有统治阶级的意志才能成为法，因而一国内的法律是统一的。而道德则不然，不同的阶级有不同的道德。统治阶级的道德与被统治阶级的道德常常是相互对立的，而居于支配地位的总是统治阶级的道德。

第五，法具有鲜明性的特点。它是人人必须遵守的行为准则，依法作为或不作为，就会产生法律上的权利与义务。所以，法所规定的许可、命令和禁止必须明确、具体。而道德规范往往只就人们行为做一般原则性的规定，不像法律规范那样明确、具体。

第六，法与道德调整的范围不完全相同。有些关系只宜由道德来调整，不宜由法来调整（如爱情关系、友谊关系）。有些问题必须由法来规定，而不属于道德评价的范围（如国家机关的职权划分，诉讼程序上关于计算期限等规定）。更多的社会关系由法和道德共同调整，但具体的要求可能又各有不同。

### （二）法与道德的联系

法与道德的联系主要表现在法与道德的联系，法与道德既有区别又有联系，离开了法与道德的经济基础和阶级本质，就不能正确说明二者之间的关系。法与道德（统治阶级的道德）都是建立在一定经济基础上的上层建筑，归根结底是受统治阶级的物质生活条件所决定的。法与被统治阶级的道德相对立，而与统治阶级的道德相一致，起着相互依存、相互促进、相互配合的作用。一般来说，凡是为法律所反对的行为，也是统治阶级道德所谴责的行为；凡是为法律所要求的行为，也是统治阶级道德所倡导的行为。

### 三、民主、法治和法制

#### (一) 民主和法制

民主代表着由人民统治，是指在一定的阶级范围内，按照平等和少数服从多数的原则来共同管理国家事务的国家制度。至于民主的统治方法，以及其"人民"的构成范围则有许多不同的定义，但一般的原则是由多数进行统治。民主通常被人与寡头政治和独裁政治相比较，在这两种制度下政治权力高度集中于少数人手上，而没有如民主政治一般由广大人民控制。

在民主体制下，人民拥有超越立法者和政府的最高主权。尽管世界各民主政体间存在细微差异，但民主政府有着区别于其他政府形式的特定原则和运作方式。民主是由全体公民直接或通过他们自由选出的代表行使权力和公民责任的政府。民主是保护人类自由的一系列原则和行为方式，它是自由的体制化表现。民主是以多数决定、同时尊重个人与少数人的权利为原则。所有民主国家都在尊重多数人意愿的同时，极力保护个人与少数群体的基本权利。

"法制"在我国古代早已有之，而在现代，人们对于法制概念的理解和使用与古代是不一样的。狭义的法制，认为法制即法律制度。具体来说，是指掌握政权的社会集团按照自己的意志、通过国家政权建立起来的法律和制度。民主是法制的前提和基础，法制是民主的确认和保障。

#### (二) 法治和法制

法治与法制既有联系，也有区别。联系在于：实行法治需要有完备的法律制度；区别在于：法制相对于政治制度、经济制度，法治则相对于人治；法制内涵是指法律及相关制度，法治内涵则是指相对于人治的治国理论、原则和方法。法制一词，中外古今用法不一，含义也不尽相同，通常在以下两种意义上使用：

第一，法制泛指国家的法律和制度。法律既包括以规范性文件形式出现的成文法，如宪法、法律和各种法规，也包括经国家机关认可的不成文法，如习惯法和判例法等。制度指依法建立起来的政治、经济、文化等方面的各种制度。中国古代的典章制度也属于这一类。

第二，法制特指统治阶级按照民主原则把国家事务制度化、法律化，并严格依法进行管理的一种方式。这种意义上的法制与民主政治联系密切，即民主是法制的前提，法制是民主的体现和保证，只有使民主制度化、法律化，并严格依法办事，以确立一种正常的法律秩序的国家，才是真正的法治国家。

法治的实施必须建立在法制的基础上。与法治相比，法制侧重在法律的使用上。但如果仅就法律的目的而言，法治的目的是为人们提供一个寻求公正的平台和框架，但法制的实质仍然不能摆脱政权凌驾于法律之上的信念。法制是指当权者按照法律治理国家，但这些法律不一定是由普通公民组成的立法部门制定的。法治下，行政部门的职责只是执行该等法律，并且受该等法律拘束。因此法制和法治最大的区别，并不在于法律是否能拘束人民，而是在于行政、立法、司法这些政府权力是否也和人民一样，受到法律的拘束和控制。法治的内涵，与其说是要求所有人民守法，毋宁更侧重于法律对政府权力的控制和拘束，否则法治就与法制难以区分。对于社会上常见的违法或脱序现象，尤其是以激烈、游走于法律边缘的手段向政府争取权利的行为，政府官员常常会呼吁和要求人民"守法"以尊重"法治"。这其实是将法治的意义误解和窄化为法制。法制的结果可能会出现政府用法律的形式压制民众。

## 第四节　法律基础与法律责任

### 一、法律基础

（一）法的解读

"法是由国家制定或认可，体现统治阶级意志，以权利义务为内容，由国家强制力保证实施的行为规范体系。"① 法有广义和狭义之分：广义的法是指由国家制定或认可的，并由国家强制力保证实施的全部规范性法律文件，例如宪法、法律、行政法规、地方性法规等；狭义的法是指拥有立法权的国家机关依照立法程序制定和颁布的规范性文件。在我国，狭义的法仅指全国人民代表大会及全国人民代表大会常务委员会制定的规范性法律文件。

（二）法律体系

法律体系也称部门法体系，是指由一国现行的全部法律规范按照一定的标准和原则，划分为若干法律部门，由这些法律部门组成的一个呈体系化的有机联系、相互协调的统一整体。法律体系是由一国的国内法组成的，不包括国际公法；法律体系是由一国现行法构成的，不包括已经废止的、尚待制定的和尚未生效的法律。

中国特色社会主义法律体系是以宪法为统帅，以法律为主干，以行政法规、地方性法规为重要组成部分，由宪法相关法、民法商法、行政法经济法、社会法、刑法、诉讼与非诉讼程序法等多个法律部门组成的有机统一整体。我国法律体系包括七个主要的部门法：宪法及宪法相关法、民商法、经济法、行政法社会法、刑法、诉讼和非诉讼程序法。

（三）法的效力

法的效力也称法的约束力，是指法律规范对主体行为的普遍的约束力。这种约束力不以主体自身的意志为转移，行为主体不得违反，必须遵守、执行和适用法律。法的效力包括法的效力范围和法的效力等级。

1. 法的效力范围

法的效力范围是指法律规范的约束力的范围，包括法对人的效力、法的空间效力和法的时间效力。法对人的效力，即法适用于哪些人。法的空间效力，即法具有效力的地域范围。法的时间效力，即法何时生效与何时终止。

① 潘慧明. 经济法 [M]. 杭州：浙江大学出版社，2019：2.

2. 法的效力等级

法的效力等级也称法的效力位阶，是指在一国的法律体系中不同渊源形式的法律规范在效力上的等级差别。确定法的效力等级一般遵循以下原则：

（1）上位法优于下位法。宪法具有最高的法律效力，一切法律、行政法规、地方性法规、自治条例和单行条例、规章都不得同宪法相抵触。法律的效力高于行政法规、地方性法规、规章。行政法规的效力高于地方性法规、规章。地方性法规的效力高于本级和下级地方政府规章。省、自治区的人民政府制定的规章的效力高于本行政区域内的设区的市、自治州的人民政府制定的规章。自治条例和单行条例依法对法律行政法规、地方性法规作变通规定的，在本自治地方适用自治条例和单行条例的规定。经济特区法规根据授权对法律、行政法规、地方性法规作变通规定的，在本经济特区适用经济特区法规的规定。部门规章之间部门规章与地方政府规章之间具有同等效力，在各自的权限范围内施行。

（2）特别法优于一般法。当同一机关在某一领域既有一般性立法，又有特殊立法时，特殊立法的效力优于一般性立法。

（3）新法优于旧法。当同一机关先后就同一领域问题制定两个以上的法律规范时，后制定的法律规范的效力位阶高于先制定的法律规范。

在上述原则基础上，解决法律效力冲突的具体规则为：同一机关制定的法律、行政法规、地方性法规、自治条例和单行条例、规章，特别规定与一般规定不一致的，适用特别规定；新的规定与旧的规定不一致的，适用新的规定。法律之间对同一事项的新的一般规定与旧的特别规定不一致，不能确定如何适用时，由全国人民代表大会常务委员会裁决。

行政法规之间对同一事项的新的一般规定与旧的特别规定不一致，不能确定如何适用时，由国务院裁决。地方性法规、规章之间不一致时，由有关机关依照下列规定的权限作出裁决：同一机关制定的新的一般规定与旧的特别规定不一致时，由制定机关裁决；地方性法规与部门规章之间对同一事项的规定不一致，不能确定如何适用时，由国务院提出意见，国务院认为应当适用地方性法规的，应当决定在该地方适用地方性法规的规定；认为应当适用部门规章的，应当提请全国人民代表大会常务委员会裁决；部门规章之间、部门规章与地方政府规章之间对同一事项的规定不一致时，由国务院裁决。根据授权制定的法规与法律规定不一致，不能确定如何适用时，由全国人民代表大会常务委员会裁决。

## 二、法律责任

法律责任是指法律主体因违法行为、违约行为或法律规定的其他事由而应承担的具有国家强制性的不利法律后果。法律责任的产生以违反法律义务为前提。根据引起法律责任产生的法律部门的性质以及引起法律责任行为的违法性质和危害程度，法律责任可以分为以下类型：

（一）民事责任

民事责任又称民事法律责任，是指法律主体因违反民商法律规定、违约或者因法律规定的其他事由而应承担的不利法律后果。民事责任以财产责任为主，其目的是赔偿或补偿损失。《中华人民共和国民法典》（以下简称《民法典》）规定承担民事责任的方式主要有以下十一种，人民法院既可以单独适用，也可以合并适用。

第一，停止侵害。停止侵害是指侵害人终止正在进行的损害他人合法权益的违法行为。其功能在于及时制止不法侵害行为，防止损害扩大。

第二，排除妨碍。排除妨碍是指侵害人排除对权利人行使权利或实现正当利益的非法阻碍。排除妨碍针对的是实际存在或将来必然出现的妨碍。

第三，消除危险。消除危险是指侵害人消除其行为或物件可能对他人的合法权益造成损害的危险。其功能在于防止损害的发生。

第四，返还财产。返还财产是指侵害人将非法占有他人的合法财产原物返还权利人。

第五，恢复原状。恢复原状是指侵害人非法破坏他人的合法财产后，将被破坏的财产恢复到受侵害之前的状态。只有当受损害的财产客观上具有恢复的可能性和必要性时才适用此种责任形式。

第六，修理、重作、更换。修理是指使不符合质量标准的标的物具有应当具备的功能；重作是指对标的物进行重新加工、制作；更换是指用符合质量标准的标的物替换已交付的不符合质量标准的标的物。此种责任形式主要适用于违反合同质量条款的情形。

第七，继续履行。继续履行又称强制履行，是指合同当事人一方不履行合同义务或履行合同义务不符合约定时，违约方应当承担按照合同约定继续履行合同的责任。此种责任形式适用于继续履行在事实上可能和在经济上合理的情形。

第八，赔偿损失。赔偿损失是指侵害人的违法行为致使权利人的合法权益受到损害时，应以其财产赔偿权利人所遭受的损失。这是适用范围最广的一种责任形式。

第九，支付违约金。支付违约金是指合同当事人一方违约时依据法律规定或合同约定，向对方支付的一定数额的金钱。

第十，消除影响、恢复名誉。消除影响、恢复名誉是指加害人在一定范围内采取措施消除对受害人的不利后果，以使受害人的名誉恢复到未曾受损的状态。此种责任形式不具有财产内容，主要适用于侵犯名誉权、肖像权等情形。

第十一，赔礼道歉。赔礼道歉是指加害人以口头或书面的方式向受害人认错、表示歉意。此种责任形式不具有财产内容，主要适用于侵害人格权等情形。

（二）行政责任

行政责任又称行政法律责任，是因违反行政法律规范而应承担的不利法律后果。既包括行政主体因行政违法或者行政不当产生的法律责任，也包括行政相对人违反行政法律规范产生的行政责任。行政责任的承担方式主要包括行政处分和行政处罚。

1. 行政处分

行政处分是国家公务员因违法、违纪行为而依法应承担的法律责任。

根据《中华人民共和国公务员法》（以下简称《公务员法》）规定，行政处分分为警告、记过、记大过、降级、撤职、开除。公务员实施了下列行为之一的，可能给予行政处分：

（1）散布有损国家声誉的言论，组织或者参加旨在反对国家的集会、游行、示威等活动。

（2）组织或者参加非法组织，组织或者参加罢工。

（3）玩忽职守，贻误工作。

（4）拒绝执行上级依法作出的决定和命令。

（5）压制批评，打击报复。

（6）弄虚作假，误导、欺骗领导和公众。

（7）贪污、行贿、受贿，利用职务之便为自己或者他人谋取私利。

（8）违反财经纪律，浪费国家资财。

（9）滥用职权，侵害公民、法人或者其他组织的合法权益。

（10）泄露国家秘密或者工作秘密。

（11）在对外交往中损害国家荣誉和利益。

（12）参与或者支持赌博、迷信等活动。

（13）违反职业道德、社会公德。

（14）从事或者参与营利性活动，在企业或者其他营利性组织中兼任职务。

（15）旷工或者因公外出、请假期满无正当理由逾期不归。

（16）违反纪律的其他行为。

2. 行政处罚

行政处罚是特定的行政机关依法对违反行政管理秩序行为的行政相对人给予的行政制裁。在学理上，行政处罚可以分为人身罚、行为罚、财产罚和申诫罚四种。《中华人民共和国行政处罚法》（以下简称《行政处罚法》）规定行政处罚有以下七类：

（1）警告，是指行政主体向违法者发出警戒，申明其有违法行为的处罚形式。这是最轻微的行政处罚形式。

（2）罚款，是指行政主体强制违法者交纳一定金钱的处罚形式。这是实践中常用的处罚形式。

（3）没收违法所得、没收非法财物，是指行政主体剥夺违法者的违法所得和非法财物的财产所有权的处罚形式。

（4）责令停产停业，是指行政主体强制违法者在一定期限内停止经营的处罚形式。

（5）暂扣或者吊销许可证、暂扣或者吊销执照，是指行政主体取消或在一定期限内扣留违法者的许可证或执照的处罚形式。

（6）行政拘留，是指行政主体在一定期限内限制违法者人身自由的处罚形式。这是最严厉的行政处罚形式，只能由法律设定。

（7）法律、行政法规规定的其他行政处罚。

（三）刑事责任

刑事责任又称刑事法律责任，是指犯罪人因违反刑事法律而应承担的不利法律后果。行为人的行为只有具备了犯罪的构成要件才承担刑事责任。刑事责任是处罚性质和程度最严厉的法律责任，其方式为刑罚。我国的刑罚体系分为主刑和附加刑。

1. 主刑

主刑是对犯罪分子适用的主要刑罚方法。主刑只能独立适用，不能附加适用。主刑包括以下种类：

（1）管制，是指对犯罪人不予关押，但是在一定期限内限制其一定自由，由社区矫正机构执行和群众监督改造的刑罚方法。管制的期限为3个月以上2年以下。管制是我国独创的一种刑罚方法。

（2）拘役，是指短期剥夺犯罪人自由，就近关押并实行教育劳动改造的刑罚方法。拘役的期限为1个月以上6个月以下。拘役在我国刑法中的适用相当广泛。

（3）有期徒刑，是指剥夺犯罪人一定期限的人身自由，并强制实行劳动和教育改造的刑罚方法。有期徒刑的期限为6个月以上15年以下。有期徒刑是我国适用最广泛的刑罚方法。

（4）无期徒刑，是指剥夺犯罪人终身自由，并强制实行劳动和教育改造的刑罚方法。无期徒刑没有刑期限制，是自由刑中最严厉的刑罚方法。

（5）死刑，是指剥夺犯罪分子生命的刑罚方法。死刑只适用于罪行极其严重的犯罪分子。对于应当判处死刑的犯罪分子，如果不是立即执行的，可以判处死刑同时宣告缓期二年执行。

2. 附加刑

附加刑既可以附加于主刑适用，又可以独立适用。附加刑有四种：罚金、剥夺政治权利、没收财产、驱逐出境。

# 第二章　现代民法理论与实践发展

## 第一节　民法理论及其基本原则

### 一、民法的认知

#### （一）民法基本概念

民法是一个部门法，民法的概念实际上是指作为部门法的民法的概念。民法是调整平等主体的自然人、法人、其他组织之间的财产关系和人身关系的法律规范的总称。民法的概念表述具有以下含义：

第一，民法是调整某特定类型社会关系的法律规范总称，而不是指某一部特定的法律规范。这就涉及广义上的民法和狭义上的民法、形式上的民法和实质上的民法。民法作为一个部门法，其所包含的具体法律法规甚多，如合同法、物权法、继承法等，它们都属于民法的组成部分，而民法就是所有这些法律规范的总称。

第二，民法仅仅调整平等主体之间的财产关系和人身关系，对于非平等主体之间的财产关系和人身关系，如国家对个人财产的征收、公安机关对公民人身自由的限制剥夺等法律关系，则不由民法调整。从这个特征来看，民法内含有平等的本质。

第三，民法调整的社会关系的主体是非常广泛的，包括自然人、法人和不具有法人资格的组织。其中的自然人包括具有中国国籍的人，也包括在中国领域之内发生民事法律关系的外国人等；其中的法人包括企业法人、机关法人、事业单位法人和社会团体法人等。在特定情况下，国家也可以成为民事法律关系的主体。国家是城市市区土地的所有权主体和自然资源的所有权主体，在这种情况下国家就是民事法律关系的主体，并且成为民事法律关系的主体，国家与其他民事法律关系主体的法律地位就是平等的。

（二）民法相关概念

1. 民法与民法学

民法学是以民法为研究对象的一门学问。民法与民法学的关系主要表现在以下方面：

（1）民法是部门法，是民法学的研究对象。民法是调整平等主体的自然人、法人和其他组织之间的财产关系和人身关系的法律规范的总称，是部门法上的概念，是民法学最主要的研究对象。当然，民法学的研究对象除了具体的民事法律制度以外，还包括民法的历史、民法思想、民事习惯等。

（2）民法偏重具体的制度规范，而民法学主要是理论研究。民法是法律规范的总称，就说明民法本身属于制度的范畴。作为制度的民法，其基本的规范中就是包含行为模式和法律后果。作为授权的行为模式，其法律后果就是保护当事人的民事行为；作为禁止的行为模式，其法律后果就是制裁。但是在民法中也存在一些不属于具体制度的内容，如附则等。相对于民事法律制度的整体而言，不属于具体的制度规范的内容是少数。

（3）作为民事法律制度的民法，具有普遍的适用性。由于我国是单一制的社会主义国家，民事法律制度原则上，在整个中国领域之内都具有普遍的适用性，除非是少数民族自治区域可以根据授权制定适合本民族、本区域适用的民事法律制度，允许适当的变通。而以民法为研究对象的民法学，则存在不同的理论认识，呈现出百家争鸣的繁荣景象。例如对于物权行为理论、对代理人的行为性质的认识等都存在不同的观点，这属于民法学研究的结果。

（4）民法学研究的目的在于促进民事法律制度的完善。法学研究的最高境界在于，将法学研究的成果转化成具体的法律制度，而不仅仅是为了提出一种观点。民法学家通过对民法的研究，根据民法的平等、自治、公平的思想，设计出相应的制度，或者改进现有制度的不足，这才是民法学研究的目的。

2. 民法与民法典

法典是按照一定的体例将某一部门法的各项制度编纂在一起形成的体系严密、内容完整的法律文件。民法典就是将民法的各项制度按照一定的体例编纂在一起形成的体系严密、内容完整的法律文件。民法是民事法律规范的总称，目前在我国已经颁布《中华人民共和国民法典》（以下简称《民法典》）。"《民法典》的成功编纂取决于党的领导、民法学的智力资源和立法实践积累、社会各界广泛参与以及域外立法经验借鉴。"①《民法典》回应了时代问题，彰显了时代精神，取得了一系列重要成就。

**二、民法的性质**

民法的性质就是民法与其他部门法相比较所表现出的独特性，或者称之为民法的特征。与其他部门法相比较，民法具有以下独特性质：

（一）民法是私法

就公法与私法划分来看，民法属于私法是不存在争议的。民法之所以属于私法，一是因为其所调整的是平等主体之间的社会关系，其意志表达上是自由的，没有服从关系；二是民法所维护是民事主体自己的利益，即私人利益，而不是不特定的多数人的利益，即公共利益。即使按照生活关系的标准进行划分，民法所规范的社会关系，如物权关系、继

---

① 谢鸿飞，涂燕辉. 民法法典化：历史回溯、基础要件及经验启示［J］. 贵州省党校学报，2022（02）：103.

承关系等也都是最基本的生活现象。因此，民法是私法。

（二）民法是权利法

民法是以个人权利为本位的法律，因此又称为权利法。这里的个人，既包括作为自然人的个人，也包括作为社会个体的各种组织。假如从民法中把权利概念抽掉，整个体系将顷刻坍塌。权利概念成为民法的核心概念，民法同时也体现为权利的庞大体系。个体权利本位的思想是民法的主导思想。民法最基本的职能在于对民事权利的确认和保护。在民事法律中，权利总是主要方面，义务是消极被动地适应权利的需要而存在。

在没有权利的场合，义务自然不能存在。以权利为核心的观念也表现在民法的一些用语上。如民事权利能力，并不仅指权利能力，民事义务能力也当然包括在内。但是从它的概念上不是强调权利义务的一致性而是突出了权利，这说明民法是以个体权利为本位的。民法是以平等的商品经济关系为基础的，商品经济在法律上的表现就必然是以权利为本位的权利和义务的统一。离开了对权利的确认，商品经济或者市场经济就无法名副其实。

我国民法所确认的自然人所享有的人身权以及各类民事主体可以享有的物权、债权和知识产权，都是最基本的权利。民法在内容上不仅要对所有的民事权利平等地给予保护，而且通过民事权利的保障维护个体的尊严。民法的这种以个体权利为本位的思想，对于调动组织的积极性、保障其独立自主性发挥了巨大作用。由于民法特别强调个体的权利与利益，所以在市场经济建设的过程中，有利于树立人们依法维护权利的意识；有利于制止政府行政权力的滥用从而建设法治社会；有利于繁荣市场，提高市场活力，从而促进社会财富的增长，为人民谋取较大的利益。

在整个民事法律规范中，主要内容就是确定权利的类型，如何对权利进行保护。在人身权法中规定了人格权，人格权包括生命权、健康权、姓名权、名誉权等。如物权法中，首先规定了物权的类型（物权法定的内容之一），再就物权的保护规定了权利人的返还原物请求权、排除妨害请求权等；在合同法中规定了合同当事人的权利，又为了维护其权利再演化出了抗辩权、形成权等内容。婚姻法中也是以婚姻自由为基础，规定了在婚姻关系存续期间夫妻间的权利义务；继承法中的最核心内容包括财产所有人的立遗嘱权及继承人的继承权等。

（三）民法是调整市场经济的基本法

民法与市场经济具有以下共性：

第一，平等。平等既是民法的精髓，也是市场经济的精髓。当然民法中的平等之范围比市场经济中的平等范围更宽阔一些。因为在市场经济中，人们的平等除了经济活动中的平等以外，还有很多非经济活动中的平等内容，如民事权利的保护上是平等的，身份上的权利是平等的。这些与市场经济中经营者地位的平等是明显不同的。

第二，自由。自由是以平等为基础的，只有不同主体之间平等，不同的主体才会均享有自己的自由。如果没有平等性，则不可避免地出现强者将自己的意志凌驾于弱者意志之上的情况。对于弱者而言，只能顺从强者，其自由也不复存在。在市场经济中，只有经营者的自由行为，才会创造出更多的社会财富，而这也是民事主体行为自由的价值之一。二者是相通的。

第三，财富。民法尊重并保护个人的财产。不管是外国的还是我国的民事法律，无不对个人的财产进行保护。民法对个人的财产进行保护，其目的并不仅在于让财产成为个人的控制物，而是通过尊重和保护个人的财产，让个人有更大的积极性去创造更多的财富，利己、利国从而利民。同样，市场经济的一切，也是围绕财富进行的。

第四，权利。在市场经济中，实行自由竞争，国家干预得很少，实际上就是尊重了市场主体的权利。这和民法中民事权利的充分性和自由性是如此的吻合。因此，没有完善的民事法律制度，也不可能建设真正的市场经济。二者是相互依存的。

民法作为一个部门法其内容非常博大，涉及物权、亲属、继承以及人身权等方面，构成民法的特别法包括物权法、合同法、商标法、专利法、著作权法、继承法等。与市场经济联系最紧密的民事特别法是物权法和合同法。二者统称为财产法。

物权是指权利人在法定范围内直接支配一定的物并排除他人干涉的权利。物权法就是规范物权关系的法律。物权关系包括物的归属关系和利用关系。其中尤其是以财产所有权关系为重中之重。因为所有权是所有制在法律上的体现，事关一个社会的性质。物权表面上看是关于人与物的关系，实则不然，它反映的是人与人之间的关系。因为每一个个人对于某物享有物权时，就是确定了其他人对于权利人的义务，即不得侵犯的义务。

在市场经济体制之下，一个正常的商品交换，先要求人们对其用来交换的财产享有所有权，否则就不能将该项财产进行交换。从形式上看，物权是交易关系的起点，也是其终点。任何一个交易关系，最终落脚在一方当事人对于某物享有物权后而终止。不管该物权是所有权还是他物权。而且，市场经济体制之下，考虑到资源的有限性，人们必然要物尽其用，避免浪费；或者提高物的利用效率。于是，抵押、质押等以物为担保的活动和借以他人之物完善自己物的效用的行为空前繁荣。这本身也是市场经济活动的一部分。这分别涉及担保物权和用益物权的内容。如果没有完善的物权法律制度进行规范，势必影响市场经济的秩序，影响物的使用效率。而提高物的使用效率，对于我们这样物质财富尚不丰富的国家，意义尤其重大。

与市场经济联系密切的另一部法律是合同法。合同关系作为市场交易关系的法律形式，在市场经济条件下有着十分重要在地位。市场经济中的生产、分配、交换和消费，其中的每一个环节都是依靠合同进行连接的。任何一个环节流通不畅，市场经济秩序就会受到影响，甚至破坏。合同法作为调整交易关系的法律，它是市场经济社会最基本的法律规则之一。市场活动一般是在得到确实保证的情况下才会进行。作为一个整体，法律秩序对于一个市场的存在是必不可少的。合同法为市场的运转提供保障、秩序和必要手段。法律并不产生市场，但是法律规定市场存在的基本条件。在法律规定的条件之下，市场秩序井然，否则市场秩序混乱。建设社会主义市场经济，要通过市场实现资源的优化配置，各个商品生产者就应当作为能动的组织进行广泛的市场交易活动。在市场经济条件下，通过交换实现各个主体的利益，这就构成了市场。

因此，市场是交易关系的总和。交易的过程，对于组织而言，就是一个相互满足自己利益要求的过程。通过交易，也可以促进社会有限的资源流通，优化资源配置。交易在法律上的表现就是合同的订立和履行，而合同的严格遵守就是市场秩序的内容。既然合同是交易的主要形式，合同法就当然成为规范交易的基本法律，成为保障我国社会主义市场经济秩序的重要法律。

我国的市场经济法制，主要应当由民法及作为民法特别法的商法，作为国家宏观经济调控工具的经济法所构成，并以民法为核心，以民商法作为调整市场经济的基本法。

### 三、民法的基本原则

民法的基本原则是民事活动的基本准则。我国民法典规定基本原则，具有补充民法法源的价值和功能。且基本原则已经成为我国立法的惯例，不但在民法典中存在基本原则的规定，在刑法、行政许可法、行政处罚法等法律中也存在基本原则，各部法律中的基本原则对适用法律产生着巨大影响。

#### （一）保护合法民事权益原则

保护合法民事权益原则是指民事主体的人身权利、财产权利以及其他合法权益受法律保护，任何组织或者个人不得侵犯。保护合法民事权益原则不但要求保护民事主体的人身权益，还要求保护民事主体的财产权益，但法律保护的民事权益限于"合法民事权益"，对于"非法民事权益"法律不予保护。例如，未经许可擅自开采矿产资源所获得的利益，民法不但不保护，行政机关应依法予以没收。

民事主体包括自然人、法人和非法人组织，这些民事主体的合法民事权益受到法律平等保护。即使是公权力主体，只要进入民事领域，从事民事活动，其权利就是民事权利。这里的民事主体，不限于自然人或者民营企业，所有民事主体（包括国家、私人、企业）的权利神圣不可侵犯。

法律保护合法民事权益的手段主要包括：①确权，即确认民事主体对人身或财产享有民事权利；②给予民事主体财产权自由，自由处分自己的财产，除非有法定的正当理由，采取所有权绝对原则，对所有权自由行使不设限制性条件；③为民事权益受到侵害提供救济措施，民事权益受到威胁、行使受到妨碍甚至民事权益受到侵害时，通过民事责任制度对民事主体进行救济。

法律保护合法民事权益允许权利人自由行使权利，但是权利的行使要受到限制。民事主体的人身权益中有些民事权益是不能转让的，也不允许转让，例如生命权、健康权、身体权等；虽然强调民事主体的财产权自由，但财产权的行使也要受到诸多限制，不存在不受限制的财产权，尤其是不动产所有权的行使受到限制。这些限制有的来自法律，例如民法典规定权利不得滥用，所有权的行使要受到相邻关系的限制等；还有些限制来自双方当事人的约定，例如赠与人将财产赠与给受赠人时约定赠与物之所有权不得转让，该约定虽不发生物权法上的效力，但仍具有债权法上的意义，受赠人违反约定的，要承担违约责任。

（二）平等原则

法律地位平等说明，民事主体，无论自然人、法人还是非法人组织，无论自然人的年龄、性别、职业、出身、肤色、贫富，无论法人或非法人组织的规模大小、经济实力雄厚与否，在法律上的地位是平等的，也就是民事主体之间法律地位形式平等。法律地位平等意义上的平等原则理解为形式平等或机会平等，而非实质平等或结果平等。形式平等是指同等地对待一切人，不考虑境况的不同。这种形式上的平等非常重要，因为它为自然人、法人和非法人组织能够进行交易提供了法律支撑，只有在法律上宣称所有民事主体的法律地位是平等的，立法者才能在此基础上设计民法规范，所以平等原则为民事立法提供了坚实的基础，更是民法与行政法等公法相互区别的标志之一。

（三）自愿原则

自愿原则是指民事主体在自己意志支配下按照自己的意愿独立进行民事活动。它具有两个方面的基本内容：一是意思自治，即民事主体按照自己的意思独立进行民法律行为，设立、变更和终止民事法律关系；二是意思支配下实施事实行为，例如在意志支配下实施侵权行为等。

1. 自愿原则作用的范围

自愿原则作为民法的基本原则，贯穿于民法的全过程，不但体现在合同编中的合同订立、履行、解除甚至关于违约责任的约定等，还体现在物权编的物权得丧变更、婚姻关系的建立和解散、收养关系的建立和终止、遗嘱继承和遗赠甚至人格权的商业利用之中。从民事法律关系的视角，自愿原则包括：①是否进行民事活动的自愿，即民事主体有权决定参加或不参加某种民事活动的自愿，其他民事主体不得干预，更不能强迫其参加；②当事人通过意思建立民事法律关系，即民事主体自愿决定参与的民事关系的类型以及民事法律关系权利义务具体内容的，例如自愿决定订立合并决定合同内容；③当事人通过意思变更民事法律关系，变更民事法律关系又包括民事法律关系主体变更、客体变更和内容变更；④当事人通过意思终止或者消灭民事法律关系，例如按照协议解除当事人之间的合同关系等；⑤自愿决定民事法律关系法律责任，例如民事主体可以在合同中约定违约责任。

自愿原则并非绝对的，要受到合法原则，诚实信用原则，公平原则，公序良俗原则等其他原则的限制。

2. 自愿原则是民事法律制度设计的基础

民事主体依自己的意思治理自治，所以当事人要对因自己意思表示建立的法律关系享有民事权利义务，这些权利义务通常是约定的，但自愿原则要求表意人有行为能力，不具有相应行为能力，欠缺必要的意思表达能力，也不会产生表意人期待的法律效果。在意志支配之下的行为而产生了侵权、不当得利、无因管理等，则是基于法律规定产生权利义务关系。尤其是在侵权行为中，行为人的意志是确定其是否要对其行为承担责任的依据，所以过错责任原则为侵权责任的基本归责原则，产生了过错责任。作为意思自愿的结果，一个人要对意志支配之下的行为负责，产生了结果自负，不论合同之债还是侵权之债，都是表意人或者行为人承担责任，第三人承担责任仅为例外。但意思表示并非总是自愿的，对于非自愿作出的意思表示，法律必须为其设定相应的救济制度，例如民事法律行为的撤销制度等。一个人的行为也并不总是在自己控制之下实施，如果行为人对自己行为失去控制力，例如突发疾病等，对造成的损害通常不承担赔偿之责。所以，自愿原则是责任自负、过错责任、行为能力以及民事法律行为救济制度等民事法律制度设计的基础。

3. 自愿原则的保护

平等原则为自愿原则的实现提供了基础，如果双方当事人法律地位不平等，也就谈不上自愿。民事主体法律地位上的形式平等至少实现了形式上的自愿，但民事主体在自然属性、财产多寡等方面存在事实上的不同，而这些事实上的不同则导致事实上法律地位的不平等，由此导致自愿原则也出现了非自愿的情况。因此，一方面，民法要通过提高弱者的法律地位，使其具备能够与垄断者讨价还价的能力；另一方面，法律上又通过对格式条款的控制、规定垄断者强制缔约义务、劳动者最低工资标准、产品的质量要达到的标准等对当事人的意思表示进行干预。通过这两个方面的措施，确保民事主体能够根据自愿原则从事民事活动。

（四）公平原则

公平原则是民法的基本原则之一。公平原则是指民事主体从事民事活动时要秉持公平理念，公平、公正地确定民事活动中各方的权利和义务，并依法承担相应的民事责任。公平原则除了要求公平确定当事人的权利义务之外，当事人参与民事法律关系的机会平等、正当竞争。这是公平的重要保证和基本含义。所以，公平原则体现为机会公平、权利义务公平及责任公平。

如果说自愿原则确定了民事主体进行民事活动的自由，那么公平原则则对民事主体从事民事活动的自由作出限制。公平原则对民事活动的限制表现在以下方面：

第一，民事法律关系中权利义务关系的公平，即民事权利义务相对等，不能一方仅享有民事权利而不承担民事义务，也不能一方仅承担义务而不享有权利。

第二，民事主体在行使民事权利和履行民事义务时，应遵守公平理念，必要时可主张同时履行抗辩权、不安抗辩权等。

第三，承担民事法律责任时要符合公平原则，不论规定的过错责任、无过错责任以及公平分担损失等，都是公平原则的具体体现和要求。

第四，公平不限于对当事人的要求，更是对法官的要求，是法官在解释法律规范、法律行为内容时适用的平衡工具。

民法典从形式理性出发，将平等、自愿作为民法原则，并认为在平等、自愿下民事主体形成的民事法律关系，符合公平原则的要求。但是，形式公平可能隐含了实际的不公平，这时需要对实际的不公平现象以民法基本原则或者特别法律规范的规定进行纠正，实现实质公平。

## 第二节　民法典中的物权与侵权责任

### 一、民法典中的物权责任

#### （一）物权的特征及变动

1. 物权的基本特征

（1）物权是直接支配物的绝对权。绝对权又称为对世权，是指无须他人配合而可实现的权利。物权的权利主体是特定的，除其之外，任何非权利人都不得侵害或者干涉物权权利人的权利实现，不得妨碍物权人行使权利。

（2）物权的客体是特定的独立物。物权是权利主体对物进行的直接支配，因此，物权的客体必须是特定的物，其他权利客体，例如行为、精神财富、智力成果，不可以成为物权客体。这是物权区别于其他民事权利的一个显著特征。

（3）物权以对物的直接支配并享受其利益为内容。对物进行支配，不是物权的目的而是实现物权的手段。物权的实现，要通过对物的直接管理、支配而取得。

（4）物权是具有排他性的权利。一物之上可以并存多种物权，但不能并存内容相互冲突的物权。例如，以占有为权利实现前提的物权，通常不会并存于同一物之上，而对于权利内容并不冲突的多种物权权利，则可以并存于同一物之上。

2. 物权的变动情况

物权变动，是指物权的产生、变更和消灭。"物权变动有'基于法律行为的物权变动'与'非基于法律行为的物权变动'之分。"物权变动的原因包括：①法律行为，例如合同行为、赠与、遗赠等方式；②其他原因，例如加工生产、取得实效、标的物添附等；③基于某些公法上的原因，例如司法机关生效的判决、裁定或者人民政府的征收决定等。

我国物权法对物权变动做了具有特色的制度构建，主要表现在以下方面：

（1）不动产物权的变动采取登记生效制。不动产物权的设立、变动和消灭，以登记作为权利变动的时间节点和要件判断。例如，国有土地上的房屋买卖，仅凭买卖合同并不能导致所有权变动，必须以变更登记作为所有权变动的前提条件。但考虑到我国农村土地物权变动的特殊性和传统，物权法对部分不动产物权变动并未严格采用登记生效模式，而是以合同成立并生效作为物权设立的前提。

（2）动产物权的变动以交付作为要件。动产物权的设立和转让以交付时发生效力，法律另有规定的除外。交付以是否现实转移占有该物为标准，可以分为以下类别：

第一，现实交付。即直接占有的转移。法律另外对于船舶、航空器和机动车等特殊动产的物权变动有特殊规定，实行登记主义，未经登记，不得对抗善意第三人。

第二，简易交付。即动产在转让合意达成以前已经被人占有，此时通过合意方式对转让行为进行确认。简易交付的，物权法法律行为生效时发生效力。

第三，指示交付，是指动产在被第三人合法占有的条件下，出让人与受让人约定，由该第三人听从出让人的指示，直接将动产交付给受让人。

第四，占有改定，是指出让人和受让人约定，动产的所有权转移给受让人，但由出让人继续占有该动产。该约定生效时，物权发生转移。

（二）物权的保护内容

物权的保护，是指为了保障权利人对物利用的实现，在法律框架下，通过法定程序和方式，对其利益的自力救济和公力救济。主要包括以下内容：

第一，确权请求权。因物的归属和利用而产生争议的，利害关系人可以请求有关机关确认该物权的状态，明确其权利状态。

第二，返还原物请求权。所有人在其拥有所有权的物被他人非法侵夺时，有权要求非法占有人返还原物。

第三，排除妨碍请求权。权利人对其物进行利用过程中，受到他人不当干涉，影响其权利的实现。

第四，恢复原状请求权。当物权的标的物因他人的侵权行为而损坏时，如果能够修复，物权人可以请求侵权行为人加以修理以恢复物之原状。

## 二、民法典中的侵权责任

侵权责任法，是以判断侵权行为是否成立、侵权责任及其范围大小为内容，以补偿受害人、惩罚侵权人和预防侵权发生为主要目标的法律规范的总称。

（一）侵权行为及其分类

侵权行为是引起侵权责任关系发生的法律事实，是指行为人由于过错侵害他人的人身权和财产权，依法应当承担民事责任的行为，以及依法律特别规定应当承担民事责任的其他侵害行为。从归责原则和侵权行为的构成要件等方面，侵权行为可以划分为以下类型：

第一，一般侵权行为，是指行为人基于过错而造成他人的财产或人身损失，适用侵权法上一般责任条款的侵权行为。凡适用一般条款的侵权行为称为一般侵权行为，这类侵权行为是最常见的，故也称为普通侵权行为。

第二，特殊侵权行为是相对于一般侵权行为而言的，是由法律直接规定的，责任构成要件方面有特殊性的侵权行为。

（二）侵权责任的构成要件

一般侵权责任的构成要件，是指行为人实施一般侵权行为承担民事责任应当具备的条件。包括以下方面：

1. 事实

损害事实是指他人财产或者人身权益所遭受的不利影响，包括财产损害、非财产损害，非财产损害又包括人身损害、精神损害。侵权责任法在一般意义上采用最广义的损害概念，不仅包括现实的已存在的不利后果，也包括构成现实威胁的不利后果。一般而言，作为侵权责任构成要件的损害事实必须具备三个条件：①损害事实是侵害合法权益的结果；②损害事实具有可补救性；③损害事实具有可确定性等。

2. 违法行为

违法行为是指自然人或者法人违反法定义务、违反法律禁止性规定而实施的作为或者不作为。行为人的行为符合法律规定，即使造成损害也不承担民事责任。

3. 因果关系

因果关系是指各种现象之间引起与被引起的关系，在此即指侵权人实施的违法行为和损害后果之间存在因果上的联系。此种因果关系是行为人对损害事实承担民事责任的必备条件之一。

4. 主观过错

主观过错包括故意和过失，就是行为人行为时的应受谴责的心理状态，这种心理状态，是法律对人所实施的行为作否定性评价的基础，也是法律让其承担侵权责任的前提。

## 第三节　行政协议案件审理中的民法适用

### 一、行政协议效力认定中适用的民法规范

#### （一）行政协议的成立和生效

法院在审理行政协议的案件时，一方面会对行政协议中的行政主体实施的行政行为的合法性问题进行审查，另一方面往往也会同时兼顾到行政协议中涉及的相应的法律关系是否成立和生效的问题。民法领域中合同成立的过程中必然需要经历要约和承诺这一阶段，对于行政协议是否也同样需要，立法上没有明确的规定。民法规范中规定的要约和承诺规则可以适用于行政协议。通过对一些地方行政程序法规范的梳理，多数地方性法规都对协议的订立方式予以了明确的规定，最为常见的方式就是招标和拍卖，较为特殊的方式就是在特定的一些领域可以直接协商。但不论是常见的招标方式还是直接协商，其实本质上都是需要经过"要约和承诺"程序。换言之，行政协议成立过程中体现的要约和承诺其实表现的是行政协议的订立方式。

《民法典》第四百八十三条，其规定的内容是以要约和承诺的方式订立的合同，通常是当承诺产生效力时，合同成立。在实践中也有行政协议双方当事人在协议的订立过程中通过以要约和承诺的方式订立协议，法院在认定协议的成立时间时适用了当时的原《中华人民共和国合同法》（以下简称原《合同法》）二十五条。《民法典》第四百九十条对于原《合

同法》三十二条、三十六条、三十七条没有进行实质性修订。司法实践中对于行政协议的成立时间认定适用了民法规范中的成立时间规则。

《民法典》第五百零二条第一款规定了合同成立生效的时间。目前在行政法领域没有专门规定关于行政协议何时生效的条文。在司法实践中，绝大多数法院对于行政协议何时生效问题也是适用了民法规范的相应规定。

在《民法典》颁布之前，民事合同领域中对于没有经过行政审批手续的合同的效力问题存有争议。最终《民法典》生效后，其第五百零二条实质上是采用了合同未完全生效的观点。与此同时，在行政协议中也存在需要履行审批手续才产生效力的情形。对于该类行政协议可以适用上述民法规范中未完全生效的条款。即行政法规范特别规定了某类行政协议需要办理手续才产生效力的，未办理则该协议不发生效力，但不影响协议中履行报批等义务条款以及相关条款的效力。

综上所述，对行政协议成立、生效适用民法规范的条文主要是原《合同法》第二十五条、三十二条、三十六条、三十七条、四十四条。上述条文现分别规定在《民法典》第四百八十三条、四百九十条、五百零二条。

（二）行政协议的撤销

在行政协议撤销的案件中，《民法典》生效之前，法院适用的民法规范为原《合同法》第五十四条之规定予以解决协议可否撤销的问题。在《民法典》生效后，其第一百四十七条至一百五十一条对可撤销的民事法律行为情形做出了细致的规定，若是基于重大误解、欺诈、胁迫或显失公平情形下实施的民事法律行为，该民事法律行为可以撤销。与此同时，《最高人民法院关于审理行政协议案件若干问题的规定》（以下简称《行政协议规定》）第十四条规定的关于行政协议可撤销的情形基本上是与民事合同中意思表示瑕疵的可撤销情形一致。换言之，对于行政协议中的欺诈、重大误解等词的概念界定需要借助民法规范规定的相应的概念来予以理解。其主要原因是行政协议所具有契约性质。在契约法上，若是合同的当事人出现了违背自己的真实意愿签订合同的情形，则合同无法产生相应的效力，意思表示真实与否是判断合同效力的要素。

在司法实践中，法院在处理行政协议撤销案件时，确实会面临民法规范与行政法规范的选择适用问题。这一选择并非简单的"一刀切"方式，即将行政协议直接划分为契约性或行政性，并据此选择相应的法规范。实际上，行政协议作为一种特殊的合同形式，其内在属性具有复合性，既包含合同双方的平等协商、达成合意的契约性，又蕴含着行政权力的行使和行政管理的行政性。

在处理行政协议撤销案件时，法院需要综合考虑协议的这两种属性。首先，虽然行政协议的成立与生效依赖于双方的共同意愿和合意，但其根本属性仍然是行政性。这主要体现在行政主体在协议履行过程中所拥有的单方面解除权等行政权力上。因此，在行政协议撤销的案件中，行政法规范应当占据主导地位，民法规范则作为补充适用的角色。

然而，这并不意味着民法规范在行政协议撤销案件中毫无作用。在协议的签订和履行过程中，双方当事人的行为往往体现了契约性，如平等协商、达成合意等。因此，在处理行政协议撤销案件时，法院也需要关注协议的契约性属性，运用民法规范中的公平原则等规定，对协议进行审查和判断。

## 二、行政协议履约认定中适用的民法规范

### （一）行政协议的履行标准

在当前行政法规范体系下，行政协议履行的具体标准尚未得到详尽规定，这在一定程度上增加了实践操作的复杂性和法律适用的难度。然而，从民法领域的视角出发，特别是《民法典》中关于合同履行的规定，为行政协议履行提供了有益的参考。根据《民法典》第五百零九条，合同当事人应当全面履行在合同中约定的义务，并遵循诚实信用原则，恪守承诺。这一原则在行政协议的履行过程中同样适用，要求协议双方必须相互信任、公平交易，并在必要时履行好协助、通知、保密等附随

义务。

在司法实践中，当行政协议当事人未能履行协议约定的义务时，法院已经开始尝试运用民法规范中的相关原则和标准进行裁判。例如，在涉及行政主体是否需要履行安置补偿义务的案件中，法院采用了全面履行原则，强调行政机关应自觉履行协议中的各项义务。此外，法院还认可了行政协议当事人在履行过程中应履行好协助、通知等附随义务，以确保协议的有效执行和当事人的合法权益。

值得注意的是，行政协议的一方是公权力机关，另一方是私主体，两者在地位上存在一定的不对等性。这种不对等性可能导致私主体在协议信息获取方面处于较为劣势的地位。因此，在行政协议履行过程中，公权力机关应更加积极地履行其职责，确保私主体的合法权益得到充分保障。同时，法院在审理行政协议履行案件时，也应充分考虑民法规范中关于民事合同"附随义务"的规定，以维护合同双方的利益平衡和公平正义。

（二）行政协议履行中约定内容不明处理

在行政协议纠纷的领域中，协议履行内容的不确定性常成为争议的焦点。由于当事人在协议签订时受限于各自的认知和预见性，往往难以详尽无遗地明确所有履行细节，从而导致履行内容的模糊性。针对这一问题，《民法典》中的第五百一十条和五百一十一条，以及原《合同法》中的第六十一、六十二条，均对合同内容约定不明的情况作出了相应的法律规制。

新旧法律在处理约定不明的问题时，其本质精神是一致的，即通过法律规定来弥补合同中的空白，确保合同能够得到合理且公平的履行。而在新法中，对于"国家标准"的进一步细化和对履行费用负担不明确情形的明确规定，更是体现了法律在适应社会发展需求上的进步和完善。

在实践中，法院在处理行政协议纠纷时，已广泛适用这些法律规定。例如，在某些案例中，当行政协议对付款期限或支付方式未作出明确约定时，法院依据相关法律规定，认定当事人有权在合理时间内要求对方履行支付义务，并有权选择符合合同目的的履行方式。这种做法不仅保障了当事人的合法权益，也促使行政机关依法履行职责，从而实现了法律的社会效益和公平价值。

## 第四节　数字社会虚拟财产的民法保护完善

### 一、立法上明确虚拟财产民事利益的法律属性

虚拟财产，作为计算机网络技术发展的产物，已成为现代经济社会中不可或缺的一部分。面对这一新兴事物，法律界亟须构建一套合理的解释路径和规则体系来确保其得到妥善的保护。尽管主流的物权说和债权说为理解虚拟财产的法律属性提供了基础，但二者均需要通过理论上的调整、修正或增设"例外"来适应虚拟财产的独特性。然而，这种对既有学说的改造与修补并非理想的解决方案，因为它往往导致权利的界定模糊，使得物权与债权的界限变得模糊。

在当前背景下，不应仅仅追求理论上的完美契合，而应更多地关注虚拟财产纠纷的核心问题和实际需求。特别是，随着虚拟财产相关产业的迅速发展，法律过早或过度的干预可能会对新产业的发展造成不必要的阻碍。人们更为关注的是如何在现有法律体系下，为虚拟财产提供有效的救济措施。

因此，将虚拟财产的法律属性定位于民事利益，而非具体的权利，是更符合当前实际情况的选择。这一定位不仅避免了物权说和债权说在解释虚拟财产时存在的困境，也更为灵活地适应了虚拟财产的特点。同时，它还能够与《民法典》第一百二十七条的立法目的相契合，即保护民事主体的合法权益。结合社会主体的行为意志和社会效应，以民事利益作为虚拟财产的法律属性定位，有助于在保护虚拟财产的同时，促进相关产业的健康发展。

（一）符合《民法典》立法的预期和目的

《民法典》第 127 条关于虚拟财产的规定，是在历经多次修改之后才确定的。在民法典编纂初期，最早形成的《中华人民共和国民法典·民法总则专家意见稿（征求意见稿）》中就关注到了虚拟财产问题，在第一百零八条中规定，网络虚拟财产视为物，受法律保护，此时，虚拟财产被确定为物权客体。但鉴于虚拟财产在概念、性质、范围以及权利义务分配等问题上都尚存极大的争议，所以在之后的《专家意见稿（提交稿）》中只在第一百一十条规定，网络虚拟财产受法律保护，虚拟财产被移出了物权部分。与此相类似的是，《民法总则（草案）》一审稿第一百零二条中曾规定，法律规定具体权利或者网络虚拟财产作为物权客体的，依照其规定，而一审稿修改稿则选择将虚拟财产与其他的物权客体一起在第一百零二条中进行列举，此时立法者仍在坚持虚拟财产的物权属性。但是，在草案的二审稿中这一规定有了彻底地改变，虚拟财产被从物权客体的内容里移出，和数据一起被单独规定在第一百二十四条中，这一条款在后来的修改稿中被全部保留下来，并形成了《中华人民共和国民法总则》（以下简称《民法总则》）第一百二十七条，也就是现在《民法典》第一百二十七条的内容。

在《民法典》编纂过程中，立法者面对虚拟财产涉及的诸多争议，最终选择在第一百二十六条"民事主体享有法律规定的其他民事权利和利益"之后，将对数据和网络虚拟财产这两类新事物的保护在第一百二十七条中单独规定，这给未来法律完善留下了一个兼容性极高的、宽泛的制度接口，也是立法者在立法过程中对法律实用主义的兼顾。《民法典》第一百零九条至第一百二十五条列举了民法保护的人身和财产权利，但这些条文不可能涵盖现在和未来出现的所有民事权利和利益，所以有了第一百二十六条的兜底性条款。并且，《民法总则》第一百二十六条，也是我国第一次在基本法的立法中将权益分为"权利"和"利益"并列规定在法律条款中，这意味着，"利益"从此可以正式地在司法实践中作为独立的保护对象，这是兼顾社会生活的复杂多变和立法者认识的局限性的合理安排。随着社会发展，各种新型利益不断出现，法律中有限的权利类型无法全部容纳这些新型利益，不论是将其强行解释为某一种法定权利还是直接依据其特点创设新的权利类型，都可能会破坏法律整体的逻辑统一性。《民法典》第一百二十六条对民事利益的独立规定，为众多因为某些原因而不能或不便作为"权利"的利益的保护提供了法律依据，即使没有具体权利对应的利益也可以向法院起诉并被受理，司法裁判也不必追求将某种利益纳入具体权利类型或创造新的权利，这项规定在司法实践中具有重要的意义，体现了立法者对现实社会需求的考量。

具体到虚拟财产，这类新型财产所涉及的法律关系和具体内容都极为复杂且尚未成熟稳定，无论是考虑到虚拟财产产业未来发展的不确定性还是法律自身的稳定性要求，都不宜在此时强行规定其法律属性。第一，结合一波三折的虚拟财产相关条款修改历程，可以推定立法者虽然认为虚拟财产应当受民法保护，但并不适用像物权那样的强保护力度。第二，在现阶段，对虚拟财产进行保护方向和目标应当是保证其在受到侵害时能得到有效的救济，但又不能让法律对此新领域中的市场运行造成过多地干预，否则不止会产生极高的立法成本，还会对新型财产及其交易市场的成型造成阻碍，进而影响经济发展。所以，在现阶段我国虚拟财产产业发展尚未定型的前提下，跳出传统权利类型范围的桎梏，以法律保护的利益作为虚拟财产在现阶段的法律定位，利用民事利益的兼容性对虚拟财产的复杂多变性实现有效回应，也更符合其保护需求以及《民法典》制定的预期和目的。

（二）有效克服物权说和债权说的局限性

在众多的学说理论中，物权说和债权说逐渐成为争议的焦点，因为两者都能在虚拟财产中找到明显的共通之处，但是同时，两者在解释虚拟财产时又都存在着明显的缺陷，从而造成虚拟财产既像是属于物权，又好像属于债权的局面。考虑到这种情况，现阶段将虚拟财产的法律属性定位为《民法典》第一百二十六条中所规定的民事利益，既符合民法典制定的预期和目的，又能有效打破物权说和债权说的僵局，尽可能地避免在法律适用上出现削足适履的情况。

第一，将虚拟财产定位为民事利益能解决物权说中用户无法对虚拟财产实现直接支配的问题。部分学者为了使物权说中对物的"直接支配"尽量贴合虚拟财产的特性，对这种"支配"权利的解释已经逐渐背离了物权理论的本貌。例如林旭霞教授把"权利联系"作为权利人对物权客体直接支配的新内涵，即物权人对物权客体有着权利义务上的关联，能对财产实施一定的行为对财产利益的地位和命运产生直接影响，那么即使一个人并没有实际掌握某项财产，其行为仍然可以认为是在直接支配某项财产，这种说法并不满足《民法典》第一百一十四条中对物权的直接支配性和排他性的要求。虚拟财产无法脱离计算机和网络存在的特质，决定了其无法达到物权所要求的直接支配性，但是，在民事利益的视角下虚拟财产无法克服的有限支配的特性却可以豁然贯通而不必再去寻求各种例外的解释，因为民事利益并不必须要求主体对利益享有直接支配和排他的权利。

第二，将虚拟财产的法律属性定位于民事利益可以突破债权的相对性，解决第三人侵权时的救济问题。在司法实践中，虚拟财产案件除了用户和运营商之间的纠纷外，还有一大部分是第三人的侵权，主要包括盗窃、损毁、侵扰虚拟财产或篡改数据等。但是，如果将虚拟财产定位在债权范围内，债权的相对性决定了其只对相对人发生效力，对合同外的第三人并没有对抗效力，这也造成了虚拟财产面临第三人侵权时的保护难题。而当虚拟财产被定性为民事利益时，在第三人能以合理的成本和方式知悉虚拟财产的权利归属时，这类民事利益就被认为具有了对抗第三人的效力。因此，当虚拟财产具备一定的公示性的外部表征时，例如个人设置的账号密码等，第三人就不得侵害，否则应承担相应的责任。

第三，民事利益视角下的虚拟财产可以有效平衡用户和运营商之间的权利义务关系。在用户与运营商之间，运营商可以用平台内相关规则来抗辩或行使权利，用户也能利用网络服务合同请求救济。以虚拟财产为基础的网络服务的实现需要运营商投入大量的成本，换言之，虚拟财产也可以认为是运营商利用网络技术手段预先设定数据编码所创造的财产。虚拟财产虽然不是由用户创造，但随着用户取得并使用虚拟财产，他们投入的各项资源和劳动也在不断创造新的价值。将虚拟财产定位为受法律保护的民事利益，能够有效平衡和较大程度兼顾在虚拟财产中创造价值的多方主体的利益，因为民事利益的弱保护思路并不以必须赋予一方强势的法律力量为前提，而是更加重视各方主体间的意思自治。由此，便可以将关注的焦点从虚拟财产所有权归属转移到使用权的分配上来，既可以平衡运营商与用户间的权利义务关系，又可以促使市场各方主体积极探索并形成最高效的资源利用模式。

第四，虚拟财产不同于传统财产的特征使得其并不适用一般的保护和救济理念。部分学者主张物权说因为物权的强保护力度，可以给虚拟财产最周全的保护。但是，理论上的完美并不一定符合现实的需求。虚拟财产的本质是计算机代码，代码所具备的技术特质代表其有无限复制和再生的潜质和能力。也就是说，无论是运营商自身还是第三人对虚拟财产造成损害，除了极少部分情况外，运营商都可以通过数据恢复、权限修改等技术手段实现"原物返还"，还不用局限于返还原物请求权要以原物存在为前提的状况。这是网络环境中平衡运营商和用户权益的有效手段，保护和救济方式的灵活性也是虚拟财产定位为民事利益的突出优点。

## 二、确定损害发生时的特殊归责方式

虚拟财产纠纷案件不应当适用无过错责任的归责原则，而应当适用过错责任原则。因为无过错原则大都适用于包括道路交通事故、劳务致人损害、环境污染致人损害、高度危险作业等风险较高的特殊领域的侵权案件中，这是由于他们对社会公众的生命财产安全造成了威胁和损害后果。但虚拟财产作为互联网催生的一类特殊的新型财产，目前它尚不存在此类风险，虚拟财产侵权案件本质上与一般侵权案件更具有相似性，没有必要在侵权行为发生时对其采用无过错责任原则。

但是在虚拟财产适用过错责任原则的前提下，对于网络运营商适用过错推定责任原则更具有可行性和合理性。过错推定原则不是独立的归责原则，而是从属于过错责任原则。过错推定原则作为过错责任原则下一项特殊的立法技术安排，目的是追求诉讼主体间的公平正义、响应整个社会公平公正的价值理念。这一标准和概念在一定意义上彰显了社会对公平正义的价值追求以及对形式正义的反思。具体而言，在过错责任原则范围内，虚拟财产侵权案件与过错推定原则适配度更高，主要有以下原因：

第一，考虑到用户虚拟财产被侵害时的被动性。与传统的财产不同，虚拟财产对互联网技术的依赖性特征极为显著，用户只有在连接互联网并依托运营商的网络技术，才能实现对虚拟财产的支配。当用户断开网络时，也是由运营商对虚拟财产进行保管和维护。在整个的过程中，用户对虚拟财产的占有、使用等都是非常被动的，可供他们选择的保护途径也少之又少，侵权行为发生时很难依靠自身力量维护权益，因此适用过错推定原则是有正当性的。

第二，由于网络运营商在与用户的相对关系中的绝对优势地位。网络运营商的绝对优势地位建立在对网络服务合同以及互联网技术绝对控制的基础上。网络服务合同具有垄断性和统一性，其中包含大量对用户不利的条款。而运营商和个人用户的技术差距更是难以抹平，虚拟财产的生成、流转、灭失过程全部处于运营商的监控之下，而用户只能接触到网络平台或服务的前端部分，运营商拥有大量用户的网络日志和服务器数据等信息，在虚拟财产侵权案件中这些数据信息的重要性不言而喻，但用户却很难获取，举证极为困难。

第三，兼顾了风险与利益相一致的价值观考量。运营商是网络产品生产者和销售者，根本的目的在于逐利二字，在于追求利润的最大化；而用户从网络平台中获得的主要是精神的满足。基于此，运营商显然更加适合承担举证和归责原则下的不利后果。另外，虚拟财产的风险来源于互联网，运营商本就应当积极担负起维护网络环境的企业责任，解决网络治理问题，做好网络风险防治综合工作，并承担由此带来的后果。

### 三、建立虚拟财产价值评估体系

在我国司法实践中，在虚拟财产侵权案件中合理且准确地对其价值进行评估对保障用户的合法权益至关重要。但是目前，用户服务协议中是没有对虚拟财产的具体价值以及价值评估方法做出约定的，即使有约定，也难以保证其合理性和公平性。虚拟财产存在的前提就是互联网的虚拟环境，其本身就是抽象的、虚拟的，想要切实保护虚拟财产，必须保证建立的价值评估体系是统一的，在虚拟财产纠纷出现时，就可以以此为依据对虚拟财产价值进行评估，确定造成的损失和需要承担的责任。在这方面可以借鉴韩国的"虚拟环境管理系统"，构建我国虚拟财产价值评估体系，采取兼具科学性、综合性、合理性的虚拟财产价值衡量方法来进行评估、鉴定和计算，在相关案件裁判中，就可以较为合理、准确地评估虚拟财产的具体价值，保障民事主体的合法权益。

鉴于虚拟财产的特殊性和对虚拟财产进行价值评估的必要性，应设立一个中立的、权威的价值评估机构，这一机构必须经过政府主管部门的审批，并接受相关主管部门的监管和指导，这也是其合法性和权威性来源。除此之外，要聘请多方面的人员担任评估成员，价值评估机构可以由专家、网络运营商代表和网络用户代表等人员组成，对虚拟财产纠纷案件，该评估机构可以协助出具价值评估报告，供各方当事人及法院参考。

虚拟财产价值评估机构的职能主要在于两方面，一是记录各类虚拟物品交易数据以供查询和提供相应的法律法规信息，为社会公众提供查询服务；二是通过科学合理的方法整体性地分析评估案件所涉的虚拟财产的价值，考虑到虚拟财产的复杂性，也应当采取综合性的评估方法，即以市场交易价格为基础，兼顾获取虚拟财产所支付的对价、取得虚拟财产后实际的金钱和劳动投入、取得同等虚拟财产所需的社会必要劳动时间、虚拟财产的市场需求状况和稀缺程度、侵权行为给权利人造成的损失、侵权一方从虚拟财产中获取的利益等因素，综合评价给出虚拟财产价值的参考评估结果。

# 第三章　现代经济法理论与实践发展

## 第一节　公司法理论及其体系再造

### 一、公司和公司法的界定

（一）公司的界定

1. 公司的特征

公司是依法定程序设立，以营利为目的的社团法人。《公司法》规定，公司是企业法人，有独立的法人财产，享有法人财产权。法人是与自然人并列的一类民商事主体，具有独立的主体性资格，具有法律主体所要求的权利能力与行为能力，能够以自己的名义从事民商事活动并以其自己的财产对公司的债务承担责任。

（1）专门管理。现代公司中基本实现了所有权和经营权的分离，股东在相当程度上脱离了公司的管理，职业经理人负责公司的经营管理。一般而言，公司法将公司的经营管理权赋予董事会。董事虽然由股东选举产生，但相当多的董事并非股东，他们专门负责公司的经营管理。通常，董事会聘任经理负责具体管理公司事务。其结果就是董事会和经理层拥有公司的经营管理权。

为了防范经营管理权的滥用，各国公司法设置了相应的监督机制。通常，英美法系国家设立独立董事，而大陆法系国家设立监事。这样一来，在现代公司中就形成了独特的治理结构，股东拥有重大决策、选举管理者的权利，不过无法直接干预公司经营管理；董事会和经理层专门负责公司经营管理；独立董事或者监事履行专门的监督职责。

与股东脱离的专门管理，使得股东摆脱了其他企业形态下直接参与经营管理的束缚，拓宽了股东的投资领域。当然，股东也可能由于董事会和经理层的经营不善而遭受损失，为此在专门管理的前提下，法律赋予股东两项重要的权利：一是有限责任，即股东仅以出资额为限对公司债务承担责任；二是股权自由转让，即通过转让股权而自由退出公司。与此同时，法律还给董事和经理以注意义务和忠实义务，促使其恪尽职守。

（2）股权自由转让。专门管理催生了股权自由转让，与合伙企业相比，公司股东更容易转让其股权，这促进了资本市场的发展。当然，股权自由转让并非不受任何限制。在我国，就有限责任公司而言，其股权转让的自由程度相对较低，受到法律和公司章程的限制。加之有限公司股权转让缺乏公开市场，股东往往处于无法退出公司或者低价退出公司的尴尬境地。就上市公司而言，由于存在证券市场，其股权转让的自由程度较高，但也受到法律的种种限制。

虽然股权可以自由转让，但公司通常不得购买本公司的股权，除非法律有特殊规定。一般而言，公司购买本公司股权将直接导致公司资本减少，难免危及债权人利益。

（3）营利性。公司是以营利为目的的组织，营利性是公司的本质特征之一。公司设立和运作的目的都是获取经济利益。投资者希望通过公司的经营活动获得盈利，并将所得到的利润分配给投资者，从而实现投资收益。在这里我们必须区分"营利"和"盈利"，前者是指谋求利润，后者是指企业单位的利润或者获得利润。显然，"营利"是指谋求利润的目的和过程，"盈利"则是指获得利润的结果。因而，公司可以因为经营不善或者其他原因而无"盈利"，但并不丧失"营利性"。公司的营利性特征可以从以下三个方面把握：

第一，以营利为目的。公司的营利性特征已为世界上大多数国家和地区的公司立法所确认。企业法人以从事生产、流通、科技等活动为内容，以获取盈利和增加积累、创造社会财富为目的，它是一种营利性的社会经济组织。

第二，经营性。所谓经营性是指公司营利行为的连续性和不间断性，即在一段时间内连续不断地从事某种同一性质的营利活动。由此可见，公司的营利行为是一种职业性营利行为，即公司以某种营利活动为业。这就与公民在日常生活中偶尔从事的营利活动区分开来。例如，甲将自己的旧家具卖与他人，虽有营利目的，但不具有经营性。

第三，有盈余应分配给股东。利润分配乃根本。区分组织营利性与否的关键在于其是否将经营所得分配给成员。所谓营利，指积极地营利并将所得利益分配于其构成员。即非指法人自身的营利，而是指为其构成员营利。因此，仅法人自身营利，如果不将所获得利润分配于构成员，而是作自身发展经费，则不属于营利法人。以取得利润并分配给股东等出资人为目的成立的法人，为营利法人。营利法人包括有限责任公司、股份有限公司和其他企业法人等。

（4）法人性。公司具有法人资格是世界多数国家和地区的立法通例。可以说，公司是法人的典型形态，法人性是公司的重要特征之一。

第一，公司具有独立的人格。公司作为独立于自然人、非法人组织的民事主体，具有完全的民事权利能力和民事行为能力。公司具有自己的名称、住所和组织机构，能够以自己的名义进行经营活动。公司对其法定代表人和其他工作人员的经营活动，承担民事责任。

第二，公司具有独立的财产。公司的财产最初源于股东的投资，不过股东一旦出资就丧失了所有权，该财产就转化为公司的财产。公司对于其全部财产享有法人财产权，任何股东无权直接支配公司的财产。公司的财产与股东的财产是泾渭分明的，公司拥有独立的财产，是公司从事经营活动的物质基础。

第三，公司能够独立承担民事责任。公司具有独立的人格和财产，应当以其全部财产对外承担民事责任。一方面，任何债务人不论是自然人、非法人组织还是法人，均应以自己的全部财产承担清偿责任，公司当然也不例外；另一方面，公司拥有独立的财产，只能以自己的财产对外承担清偿责任，而不应累及他人。公司财产责任的独立性体现在三个方面：①公司责任与股东责任的独立。公司只能以自己拥有的财产清偿债务，股东对公司债务不承担责任，即使公司资不抵债，也不例外；②公司责任与其工作人员责任的独立。公司的民事活动虽由董事、经理等工作人员实施，其民事责任可能由于工作人员的过错行为所致，但不能因此要求工作人员对公司的债务负责。当公司无力偿还对外债务之际，不能随意追加公司的董事、经理为连带责任人或共同被告。③公司责任与其他任何人责任的独立。公司责任不但与股东责任、其工作人员责任独立，而且独立于其他任何人的责任。作为民事主体，公司责任自负，即使面对主管机关或者关联公司，依然是独立的法人。

2. 公司的分类

（1）按照公司的信用基础划分。按照公司的信用基础划分，公司可分为人合公司、资合公司、人合兼资合公司。

第一，人合公司是指公司的信用基础在于股东个人财产信用，这意味着股东对公司债务要承担无限责任。无限公司是最典型的人合公司。

第二，资合公司是指公司的信用基础在于公司的资产，与股东的资产无涉，这意味着股东对公司债务仅以出资为限承担责任。在我国，股份有限公司中的上市公司是典型的资合公司。

第三，人合兼资合公司是指信用基础兼具股东个人财产信用与公司财产信用的公司。两合公司、股份两合公司属于这类。在我国，有限责任公司属于人合为主兼具资合性质的公司；股份有限公司中的非上市公司以资合为主兼具一定的人合性质。

（2）按照公司的国籍划分。按照公司的国籍划分，公司可分本国公司、外国公司。

第一，本国公司是在本国境内设立的有限责任公司与股份有限公司。

第二，外国公司则是依照外国法律在本国境外设立的公司。

（3）按照公司的管辖系统划分。按照公司的管辖系统划分，公司可分为总公司、分公司。

第一，总公司又称本公司，是指依法设立并管辖公司全部组织的具有企业法人资格的总机构。

第二，分公司是总公司的分支机构，在业务、资金、人事等方面受总公司管辖。分公司有依法从事业务活动的营业执照，具有独立的诉讼主体资格，但不具有法人资格，其民事责任由总公司承担。

（4）按照一个公司对另一个公司的控制与依附关系划分。按照一个公司对另一个公司的控制与依附关系划分，公司可分为母公司、子公司。

第一，母公司是指拥有其他公司一定数额的股份，或根据协议能够控制、支配其他公司的人事、财务、业务等事项的公司。母公司最基本的特征，不在于是否持有子公司的股份，而在于是否参与子公司业务。

第二，子公司是指一定数额的股份被另一公司控制或依照协议被另一公司实际控制、支配的公司。子公司具有独立法人资格，拥有自己所有的财产，自己的公司名称、章程和董事会，对外独立开展业务和承担责任。

（5）按照股东对公司的责任范围和组织形式划分。按照股东对公司的责任范围和组织形式划分，公司可分为无限责任公司、两合公司、有限责任公司、股份有限公司、股份两合公司。

第一，无限责任公司是指由两个以上的股东组成、全体股东对公司债务负无限连带责任的公司。股东关系具有合伙性，公司组织具有封闭性。我国立法上无这种公司。

第二，两合公司是指由部分无限责任股东和部分有限责任股东共同组成，对公司债务前者负无限连带责任，后者仅以出资额为限承担责任的公司。我国立法尚无这种公司。

第三，有限责任公司是指仅以其认缴的出资额为限对公司承担责任，公司以其全部资产对公司债务承担责任的公司。

第四，股份有限公司是指由一定人数的股东组成，公司全部资本分为等额股份，股东以其所认购的股份为限对公司承担责任，公司以其全部资产对公司的债务承担责任的公司。

第五，股份两合公司是指由部分对公司债务负无限连带责任的股东和部分仅以所持股份对公司债务承担有限责任的股东共同组建的公司。

（二）公司法的界定

1. 公司法的概念

公司法是指调整公司设立、组织、运营、解散以及其他社会关系的法律规范的总称。

通常，公司法有广义和狭义之分：就广义而言，所谓公司法是指各种调整公司设立、组织、运营、解散以及其他社会关系的公司法律规范的总称，不仅仅局限于以公司法命名的法律，还包括其他法律中的公司法规范；就狭义而言，所谓公司法就是指以公司法命名的调整公司设立、组织、运营、解散以及其他社会关系的法律规范的总称，如《中华人民共和国公司法》。如无特别说明，本书使用的公司法这一概念即采狭义。《公司法》于 1993 年出台，是中国第一部关于市场经济主体的法律，它的实施和升级极大地推动了企业改革和经济发展。

2. 公司法的调整对象

调整对象是划分法律部门的重要标准之一。每一个法律部门，均有独特的调整对象，公司法也不例外。从公司法的概念出发，其调整对象主要为公司设立、组织、运营、解散过程中所发生的社会关系。就总体而言，这些社会关系可以分为财产关系和组织关系两类。

（1）财产关系。公司不会孤立地存在，必定和股东、第三人发生这样那样的社会关系，从而形成对内关系和对外关系。所谓对内之法律关系，即指公司与其股东、或其股东相互间之法律关系而言；所谓对外之法律关系，即指公司与第三人或其股东与第三人之法律关系而言。因而公司法所调整的财产关系又可以分为两类，即内部财产关系和外部财产关系。

内部财产关系，是指公司的发起人之间、股东之间、股东和公司之间围绕公司的设立、组织、运营、解散所形成的具有财产内容的社会关系，包括发起人的出资、出资的转让、股利的分配、公司的增资和减资、公司的合并和分立、公司的解散与清算等。公司的内部财产关系贯穿于公司存续的全过程，是公司法的主要调整对象。

外部财产关系，是指公司运营过程中与第三人形成的具有财产内容的社会关系，包括两类：一是公司日常经营过程中与第三人形成的财产关系，该种财产关系与公司本身的组织特点并不密切联系，任何企业均会形成此种财产关系，因而该财产关系不由公司法调整；二是与公司本身的组织特点密切联系的财产关系，其他企业通常不会形成此种财产关系，该种财产关系多由公司法调整。例如，公司债发行过程中，公司与债权人、承销商之间的财产关系即属后者。

（2）组织关系。公司法调整的组织关系也分为两类，即内部组织关系和外部组织关系。

内部组织关系，是指公司的发起人之间、股东之间、股东和公司之间、股东与股东会、监事会、经理之间在公司存续过程中所形成的具有管理协作内容的社会关系。公司内部的组织关系，涉及公司的运营和相关利害关系人的利益，也是公司法的主要调整对象，而且较之公司内部的财产关系而言更为重要。毕竟离开了良好的组织模式，公司根本无法获取利润，公司和股东的利益均无从谈起。

外部组织关系，是指公司在设立、组织、运营、解散过程中与国家有关机关之间形成的纵向经济管理关系，例如，公司与工商行政管理机关、主管机关之间的关系。这种外部的组织关系对于公司的设立、组织、运营、解散非常重要，反映了整个社会维护经济秩序和交易安全的客观需要。

3. 公司法的价值取向

法律诸价值的互克性是它们之间关系的主流，在法律的诸价值中，如果其中的一项价值得到完全的实现，就难免在一定程度上牺牲或否定其他价值。每一个部门法，必然在相互冲突的法律诸价值中，选择某一项价值作为其基本价值追求，从而实现其立法目的。个人法和团体法也表现出了不同的价值取向。

在法律诸价值中，作为个人法的民法的基本价值取向是公平，即公平与民法的其他价值（譬如效率）发生冲突时，民法首先会选择公平，公平优先兼顾效率。作为民法基本价值取向的公平，主要是体现在平等原则和公平原则上。平等是指人们在法律地位上的平等，并在其权利遭受侵害时应受到平等的保护。平等是社会中的最基本正义，或者说是分配正义的要求。公平原则强调以利益均衡作为价值判断标准调整主体之间的利益关系。平等原则和公平原则相辅相成，共同实现民法的公平、正义的价值理念。

作为团体法的公司法的基本价值取向是效率，即效率与公司法的其他价值（譬如公平）发生冲突时，公司法首先会选择效率，效率优先兼顾公平。公司股东的利益冲突在所难免，为了保障公司的整体利益，公司法上建立了不同于民法的意思表示机制，实行资本多数决，极大地提高了效率。

## 二、公司的设立

公司设立就是发起人为创办公司，取得法人资格而进行的一系列法律行为。公司设立的本质就是建立新的公司主体。公司设立不同于公司成立。公司成立是公司经过设立程序后，具备了法律规定的条件，经过主管机关核准登记，签发营业执照，成为独立法人的事实。公司设立的目标就是公司成立，公司设立是公司成立的前提。同时，有了公司设立，并不一定就会有公司成立，公司设立并不必然导致公司成立。另外，如果公司最后成立了，公司设立中发生的债权债务一般由根据设立行为而成立的公司承担；如果公司没有成立，公司设立中发生的债权债务则由发起人连带承担。设立公司，应当依法向公司登记机关申请设立登记。符合规定的设立条件的，由公司登记机关分别登记为有限责任公司或者股份有限公司；不符合规定的设立条件的，不得登记为有限责任公司或者股份有限公司。法律、行政法规规定设立公司必须报经批准的，应当在公司登记前依法办理批准手续。公众可以向公司登记机关申请查询公司登记事项，公司登记机关应当提供查询服务。

（一）公司设立的方式

公司设立方式有发起式设立和募集式设立两种。

1. 发起式设立

发起式设立是指公司设立时，公司注册资本由发起人全部认购，不向发起人之外的任何人募集而设立公司的方式。

无限责任公司、两合公司和有限责任公司属于封闭式公司，不能向社会发行股份，只能采取发起式设立公司。股份有限公司属于开放式公司，既可以采取发起式设立，也可以采取募集式设立公司。

发起式设立公司具有许多优点，包括：无须招股，公司设立周期短，设立费用少。同时，发起式设立公司的注册资本为在公司登记机关登记的全体发起人认购的股本总额，不是实缴股本总额。发起式设立是世界上比较通行的公司设立方式。发起式设立公司的缺点在于，对于资金需求量很大的公司来讲，发起人出资责任太大。所以，发起式设立方式不适合于设立大型公司。

2. 募集式设立

募集式设立是指公司设立时，发起人仅认购公司一定比例的股份，其余公开募集而设立公司的方式。募集式设立与发起式设立的主要不同在于，募集式设立公司可以向外招募股份。

募集式设立公司的优点在于，可以通过以发行股份的方式吸收社会闲散资金，在短期内筹集成立公司所需的巨额资本，缓解发起人的出资压力，便于公司成立。募集式设立公司的缺点在于，募集式设立公司需要许多烦琐的程序，公司设立周期长，设立费用高。通常只有设立需要巨额资本的公司时才采取募集式设立公司。

各国公司法对募集式设立公司都有一些限制，加重了发起人的责任，保护了广大投资者的利益。我国《公司法》规定，以募集式设立股份有限公司的，发起人认购的股份不得少于公司股份总数的百分之三十五。同时，股份有限公司采取募集方式设立的，注册资本为在公司登记的实收股本总额。而发起式设立股份有限公司则没有以上要求。

募集式设立可分为公开募集式设立和非公开募集式设立。公开募集式设立，是指股份有限公司发起人向不特定对象、向累计超过二百人的特定对象发行股份，或者法律、行政法规规定的其他发行行为筹集资本的设立公司的行为。非公开募集式设立，是指股份有限公司发起人向累计不超过二百人的特定对象，不采用广告、公开劝诱和变相公开方式发行股份而筹集资本的设立公司的行为。

相对来说，非公开募集设立公司具有吸收社会闲散资金、在短期内筹集成立公司所需的巨额资本、缓解发起人的出资压力、便于公司成立等优点，同时还兼有设立周期短、设立费用少的特点。

（二）公司设立的程序

1. 有限责任公司设立的程序

（1）签订发起人协议。发起人协议是发起人之间为设立公司所达成的、明确彼此权利和义务关系的书面合同。与公司章程不同，发起人协议的作用在于规范、约束发起人的行为，其性质类似于合伙协议。发起人协议的内容包括组建公司的方案、股权分散或集中的程度，发起人之间的职责分工等。所以，发起人协议对公司组建至关重要，对公司的未来发展也有较大影响。

（2）订立公司章程。订立公司章程是公司设立的一个必经程序。任何公司的设立均须订立章程，目的就是为了确定公司的宗旨、设立方式、经营范围、注册资本、组织机构及利润分配等重大事项，为公司设立创造条件，也为将来公司的运作提供基本规范。

（3）报经主管部门审批。法律、行政法规规定公司必须报经批准的，应当在公司登记前办理批准手续。在我国，需要经过批准手续的有两种情形：一是某行业的公司由某特定的政府机关审批并进行业务监督管理，如金融性公司需要经中国人民银行及其各级分行批准；二是公司的业务范围中涉及的相关事宜应经某机关的审查批准，如涉及公共安全器材的生产和服务的，需要经过公安机关批准等。报批时，应向政府机关提交申请书、公司章程、资信证明、营业场地使用证、企业名称预先核准通知书等文件。经过审批机关批准后，才可办理注册登记手续。

（4）缴纳出资。公司资本来源于股东的出资。出资是股东基于股东资格对公司所为的一定行为。股东都有出资义务。公司章程中所记载的资本总额，在公司成立时必须落实到每个股东名下。有限责任公司的注册资本为在公司登记机关登记的全体股东认缴的出资额。法律、行政法规以及国务院决定对有限责任公司注册资本实缴、注册资本最低限额另有规定的，从其规定。所以，公司注册资本只是公司在公司登记机关登记的由全体股东认缴的出资额，没有要求部分到位，更没有要求完全到位，甚至股东出资到位时间也没有任何法律规定。但是，如果其他法律、行政法规及国务院对有限责任公司有特殊规定的，仍然应当按照这些规定办理。同时，公司股东确实是以其认缴的出资额为限对公司债务承担责任。为此，公司注册资本的作用就是一种股东对公司债务承担的担保额，也是股东之间的一种出资契约。

有限责任公司成立后，发现作为设立公司出资的非货币财产的实际价额显著低于公司章程所定价额的，应当由交付该出资的股东补足其差额；公司设立时的其他股东承担连带责任。

（5）确立公司管理机关。公司管理机关是对内管理事务，对外代表公司的法定机构。作为法人的公司，其意志的形成和实现，均依赖于法人机关及其成员的活动。因此，公司登记前，必须对公司的权力机构、业务执行机构和监督机构的组成及其成员的分工作出符合法律规定的决定。

（6）申请公司登记。股东认同公司章程规定的出资后，由全体股东指定的代表或者共同委托的代理人向公司登记机关报送公司登记申请书、公司章程、验资证明等文件，申请设立登记。法律、行政法规规定设立时必须审批的，还应该提交有关审批文件。

公司登记机构应该对于申请设立登记的文件进行认真审查，符合法律规定条件的，应当予以登记，发给营业执照。依法设立的公司，由公司登记机关发给公司营业执照。公司营业执照签发日期为公司成立日期。公司营业执照应当载明公司的名称、住所、注册资本、经营范围、法定代表人姓名等事项。公司营业执照记载的事项发生变更的，公司应当依法办理变更登记，由公司登记机关换发营业执照。

一个自然人只能投资设立一个一人有限责任公司。该一人有限责任公司不能投资设立新的一人有限责任公司。一人有限责任公司应当在公司登记中注明自然人独资或者法人独资，并在公司营业执照中载明。

2. 股份有限公司设立的程序

（1）发起式设立程序。采取发起式设立股份有限公司的，公司资本全部由发起人认购，无须向社会公众募集，其设立程序相对简单，与有限责任公司的设立程序相当。

（2）募集式设立的程序。采取募集式设立股份有限公司，需要对外募集股份，其设立程序相对复杂。与发起式设立程序相比，募集式设立多了下列程序。公开募集式设立公司与非公开募集式设立公司的程序不同。公开募集式设立公司的程序包括以下五点：

第一，发起人认足部分股份。《公司法》第八十四条规定，以募集设立方式设立股份有限公司的，发起人认购的股份不得少于公司股份总数的百分之三十五；但是，法律、行政法规另有规定的，从其规定。所以，发起人只有认购以上规定比例的股份后，方可进行以后的募集设立行为。

第二，制作招股说明书。招股说明书，又称为募股章程，是公司发起人制订的，向社会公开的，旨在使社会公众了解公司基本情况和认股具体办法的，便于公众认购公司股份的书面文件。招股说明书应当附有发起人制订的公司章程，并载明：①发起人认购的股份数；②每股的票面金额和发行价格；③无记名股票的发行总数；④募集资金的用途；⑤认股人的权利、义务；⑥本次募股的起止期限及逾期未募足时认股人可以撤回所认股份的说明。

第三，报经国务院证券监督管理机构或者国务院授权的部门注册。由于公开募集股份涉及广大公众的利益，关系到社会经济秩序的正常和稳定，我国规定，公开发行证券，必须符合法律、行政法规规定的条件，并依法报经国务院证券监督管理机构或者国务院授权的部门注册。未经依法注册，任何单位和个人不得公开发行证券。证券发行注册制的具体范围、实施步骤，由国务院规定。有这些情形之一的，为公开发行：①向不特定对象发行证券；②向特定对象发行证券累计超过二百人，但依法实施员工持股计划的员工人数不计算在内；③法律、行政法规规定的其他发行行为。非公开发行证券，不得采用广告、公开劝诱和变相公开方式。同时，公司申请公开发行股票，依法采取承销方式的，应当聘请证券公司担任保荐人。保荐人应当遵守业务规则和行业规范，诚实守信，勤勉尽责，对发行人的申请文件和信息披露资料进行审慎核查，督导发行人规范运作。

此外，设立股份有限公司公开发行股票，应该向国务院证券监督管理机构报送募股申请和相关文件：①公司章程；②发起人协议；③发起人姓名或者名称，发起人认购的股份数、出资种类及验资证明；④招股说明书；⑤代收股款银行的名称及地址；⑥承销机构名称及有关的协议。依照本法规定聘请保荐人的，还应报送保荐人出具的发行保荐书。法律、行政法规规定设立公司必须报经批准的，还应当提交相应的批准文件。

第四，公告和招募股份。发起人在募集申请得到证券管理部门核准后，即可以向社会公告招股说明书，邀约公众认购股份，制作认股书，供认股人填写。认股人根据招股说明书和自己的情况，在认股书上填写认购股数、金额、住所，并签名、盖章。认股人按照所认购股数缴纳股款。

股份发行有直接发行与间接发行两种方式。直接发行就是公司直接向社会公众发行。间接发行则是公司以证券公司为中介，向社会公众发行股份。发起人向社会公开募集股份，应当由依法设立的证券公司承销，签订承销协议。发起人向社会公开募集股份，应当同银行签订代收股款协议。代收股款的银行应当按照协议代收和保存股款，向缴纳股款的认股人出具收款单据，并负有向有关部门出具收款证明的义务。发行股份的股款缴足后，必须经法定的验资机构验资并出具证明。

第五，召开创立大会。公司发行股份的股款缴足后，发起人应当在三十日内主持召开公司创立大会。创立大会又称为认股人大会，由认股人组成，决定是否成立公司、公司设立中和公司成立后的重大事项。创立大会是公司成立前的决议机关。发起人应当在创立大会召开十五日前将会议日期通知各认股人或者予以公告。创立大会应有代表股份总数过半数的发起人、认股人出席，方可举行。创立大会行使的职权包括：①审议发起人关于公司筹办情况的报告；②通过公司章程；③选举董事会成员；④选举监事会成员；⑤对公司的设立费用进行审核；⑥对发起人用于抵作股款的财产的作价进行审核；⑦发生不可抗力或者经营条件发生重大变化直接影响公司设立的，可以作出不设立公司的决议。创立大会对前款所列事项作出决议，必须经出席会议的认股人所持表决权过半数通过。

与公开募集式设立公司相比，非公开募集式设立公司的程序相对简单，不必呈报国务院证券监督管理机构或者国务院授权部门核准，无须公告和招募股份。

## 第二节　经济市场秩序法律的实践创新

### 一、反垄断法及其适用

#### （一）反垄断法的内容

反垄断法的立法目的是预防和制止垄断行为，保护市场公平竞争，提高经济运行效率，维护消费者利益和社会公共利益，促进社会主义市场经济健康发展。为了实现这一目的，反垄断法借鉴先进的经验，在实体法方面禁止垄断协议、禁止滥用市场支配地位、控制经营者集中；基于国情的考虑，反垄断法还禁止滥用行政权力限制竞争的行为。此外，反垄断法还对反垄断执法机构、对涉嫌垄断行为的调查程序和法律责任作出了规定。

我国反垄断法最大的特点是鲜明地立足于中国的基本国情，比如对行政垄断的规定。此外，反垄断法还规定了"与社会主义市场经济相适应"的基本原则，要求国家制定和实施与社会主义市场经济相适应的竞争规则，完善宏观调控，健全统一、开放、竞争、有序的市场体系。这充分说明反垄断法虽然毫无疑问应当促进市场竞争，但还必须从国情出发，使这部法律与社会主义市场经济相适应：第一，必须维护国家基本经济制度，既要有利于巩固和发展公有制经济，又要有利于鼓励、支持和引导非公有制经济发展；第二，必须按照社会主义市场经济的要求，确立市场竞争基本规则，在国家宏观调控的指导下，使包括国有企业在内的各类企业通过公平、有序的市场竞争开展经营活动；第三，必须从现阶段中国经济社会发展的实际出发，充分考虑中国企业做大做强、提高产业集中度、增强市场竞争能力的需求，统筹协调反垄断与实施国家产业政策的关系，使经营者通过公平竞争和自愿联合，依法实施集中、扩大经营规模、增强市场竞争能力。这三个"必须"集中体现了反垄断法的中国特色，是贯穿这部法律始终的基本精神。

例如，反垄断法规定，国有经济占控制地位的关系国民经济命脉和国家安全的行业以及依法实行专营专卖的行业，国家对其经营者的合法经营活动予以保护，并对经营者的经营行为及其商品和服务的价格依法实施监管和调控，维护消费者利益，促进技术进步。同时还规定国有经济占控制地位的关系国民经济命脉和国家安全的行业以及依法实行专营专卖的行业的经营者应当依法经营，诚实守信，严格自律，接受社会公众的监督，不得利用其控制地位或者专营专卖地位损害消费者利益。这样的规定既遵循了反垄断法关于禁止滥用市场支配地位的一般原则，又体现了中国的基本国情。

保障国有经济在关系国民经济命脉和国家安全的重要行业和关键领域取得控制地位，是坚持国家基本经济制度的必然要求，对于保障国民经济稳定运行，维护国家安全，具有重要意义。国有经济在关系国民经济命脉和国家安全的行业以及依法实行专营专卖的行业占控制地位，并不等于这些行业都只能由国有独资企业经营，更不是说这些行业的经营者就可以不遵守市场规则，滥用其控制地位，排除或者限制竞争。国家对这些行业的经营者的合法经营活动给予保护的同时，又要对其经营行为及其提供的商品和服务的价格依法实施监管和调控，维护消费者利益，促进技术进步。

（二）反垄断与知识产权保护

知识产权具有排他性和专有性，法律赋予知识产权权利人对特定客体如专利、商标等的独占权，因知识产权而形成的垄断地位以及因知识产权的行使而对竞争的限制，是基于法律的授权，是合法的。但是，知识产权作为一种财产权，与其他的财产权一样，能够产生限制竞争的影响。因此，为了维护竞争，法律不应当允许知识产权所有人因其合法的垄断地位而妨碍、限制或者歪曲市场的有效竞争。知识产权的权利人如果超出法律对其专有权规定的范围而滥用其权利，以谋取或加强其垄断地位，排除限制了竞争，则应当受到反垄断法的规制。故反垄断法规定，经营者依照有关知识产权的法律、行政法规规定行使知识产权的行为，不适用本法；但是，经营者滥用知识产权，排除、限制竞争的行为，适用本法。

（三）反垄断法的适用范围

根据属地管辖原则，反垄断法作为国内法，其效力仅限于一国主权范围之内，但伴随经济全球化和贸易自由化浪潮的高涨，跨国公司滥用市场优势地位限制竞争的行为日益普遍，在一国境外发生的限制竞争行为可能对国内产生不利影响。在此情况下，一些国家在立法和司法实践中纷纷突破传统的管辖范围，主张本国反垄断法的域外效力，对发生于国外的限制竞争行为，只要其结果影响了国内市场竞争，不管行为主体的国籍如何，国内反垄断机构都可以依据本国的反垄断法行使管辖权。

中国反垄断法主要适用于中国境内经济活动中的垄断行为。随着经济全球化和中国对外开放的进一步扩大，为了预防和制止境外发生的垄断行为对国内的市场竞争产生不利影响，反垄断法借鉴国际上其他国家的经验，规定了域外效力，即中华人民共和国境外的垄断行为，对境内市场竞争产生排除、限制影响的，同样适用反垄断法。

## 二、个人信息的反垄断法保护

"随着科学技术的进步，个人信息的获取与传播愈加容易，个人信息的收集和共享使得人们的生活更便捷。与此同时，个人信息的泄露与买卖案件也开始频繁发生，给个人信息保护带来了新的挑战。"① 探寻个人信息的《反垄断法》保护路径是对中华人民共和国个人信息保护法律的补充，随着时代发展，对反垄断制度进行理论突破、创新与变革也是社会发展的必然趋势。

（一）个人信息的反垄断法属性

个人信息保护与垄断行为规制分属两个领域只是形式问题，它无法构成反垄断法的适用障碍，因为这两个领域在实践中总会存在交叉。很多时候个人信息构成垄断行为的实施工具，有些垄断行为的实施借助个人信息也更为便利和不易察觉。反垄断法不可能因这些垄断行为表面上与个人信息相关就不予规制，规制这些垄断行为也就是在保护个人信息。从此角度考量，反垄断法保护个人信息的必要性不言而喻。

通常来说，企业获取更多利润的直接方法是提高价格，但在竞争性市场上，企业是价格的接受者而非制定者，企业不具有一定的市场力量或者不与他人联合时，很难直接提高产品价格，垄断行为由此而生。垄断本质上是提价能力，垄断行为就是一系列可能导致价格提高的行为。

---

① 何燕姜. 个人信息保护的《反垄断法》规制路径探讨——以手机 App 为例［J］. 华章，2024，（04）：120—122.

换言之，市场支配地位本身就是一种能够在较长时期内以高于竞争性水平的价格盈利的能力，具有市场支配地位的企业就是一个"垄断者"，滥用市场支配地位就是该"垄断者"动用了这种能力，直接或间接地提高了产品价格；垄断协议是共谋提价，即单个企业市场力量不足时联合竞争对手一起提价，这时多个企业表现得就像一个"垄断者"一样；经营者集中之所以不好，也是因为它可能导致单边效应（让一个企业获得或加强市场支配地位）或协调效应（便于多个企业达成垄断协议）。于企业而言，反垄断法就是一种价格约束规则，旨在防止企业将价格提到竞争性水平之上；于消费者而言，反垄断法上的经济效率主要就是价格效率。

实际上，不论对消费者还是企业而言，个人信息都有重要的反垄断法属性，这决定了反垄断法必须正视与解决个人信息保护问题。

传统反垄断理论之所以将关注重点放在价格上，是因为价格竞争是市场竞争的最主要方式，消费者也最关注价格，价格福利基本等同于消费者福利。但是，价格本身不是一个孤立的市场条件，会受到其他因素的影响，脱离价格的各种影响因素（个人信息就是影响价格的因素之一）单谈价格是没有意义的。

一般而言，数量、质量、选择机会都与价格密切相关：若数量稀少、供应不足，则低价不可能维持下去；若商品或服务的质量较差，则低价也不意味着消费者福利的增加；若商品种类匮乏，替代性商品较少，消费者没有足够的选择余地，则低价也无实质意义。所以说，反垄断法上谈经济效率，除了价格外，还会涉及产出、质量和消费者的选择机会。20世纪90年代后，人们还将动态效率囊括进来，即反垄断法还应保护创新，而产品或服务的创新程度实际上仍可解释为质量，即创新性强的商品或服务质量更好。如此一来，价格效率的判断必须与产出、质量、选择机会等"非价格因素"结合起来，这些因素直接影响价格，构成价格的必要内容。

在各种非价格因素中，"质量"的内容十分广泛。数字时代的免费服务因无可比较的价格，消费者自然会关心各种非价格因素，大多数消费者会在意个人信息收集和使用情况，个人信息保护水平也就可看作是服务质量的重要衡量标准。即便是收费服务，个人信息的收集与使用仍是数字时代的突出问题，少有消费者对此无动于衷，个人信息保护水平依然构成质量评判的重要标准。基于此，当消费者接受某项服务时，留下多少信息、商家怎样使用这些信息等便成为判断服务质量优劣的重要标准。某种服务导致消费者个人信息受到更大程度的损害就可被视为该服务质量的下降。

可知，个人信息保护水平影响质量，质量影响价格，所以个人信息也与价格发生了关联。通过"个人信息保护水平—质量—价格"的链条传递或逻辑关系，个人信息保护一定程度上也就可纳入反垄断法的调整范围。

（二）个人信息从附属保护到独立保护

个人信息既可作为价格的影响因素，也可作为独立的消费者福利内容而进入反垄断法体系中，这构成了目前反垄断法保护个人信息的两条路径：第一条路径下，个人信息从属于价格，反垄断法的分析方法没有改变，只是在竞争分析中加入了个人信息因素，这是对个人信息的附属保护；第二条路径下，个人信息独立于价格，本身就是反垄断法的保护对象，这是对个人信息的独立保护。所以说，两条路径在保护方式和保护程度上存在区别。

尽管附属保护的观点也是近年才被提出，但人们对这一保护路径基本没有质疑。总体而言，个人信息的附属保护是通过"个人信息—质量—价格—消费者福利"的迂回路线而辗转实现的，这是相对传统的方法，容易被反垄断法理论接受，但在数字时代"零价服务"已成为基本商业模式的情况下，非要将个人信息保护往价格上靠，难免显得牵强。如果个人信息保护非要经过一次向质量、再向价格的转换才与反垄断法发生关联，那么人们也不大可能认可它就是一个竞争法问题。

总的来说，鉴于数字时代个人信息日渐呈现的重要性以及企业间竞争的新形式与新内容，个人信息保护水平应当作为一项独立内容而加入消费者福利体系之中。在此目标与逻辑下，反垄断法上的垄断行为类型与分析方法都需要实现不同程度的拓展或者转型。

（三）个人信息反垄断法的制度转型

将个人信息保护纳入反垄断法的核心理由在于，数字时代的个人信息已不仅是影响价格的一个因素，很多时候就是"价格"本身。数字时代的个人信息与工业时代的价格同等重要：消费者选择在线产品越发关注个人信息的保护情况，企业间的市场竞争也越发体现为个人信息保护竞争。如果反垄断法的目标是消费者福利，那么就应当将个人信息保护作为消费者福利的重要内容，传统反垄断法的价格理论在数字时代应扩展至消费者个人信息保护。

个人信息保护的现实需求呼吁反垄断法的制度转型。在数字时代，垄断转化为个人信息的控制能力，垄断行为是一种可能导致个人信息损害的行为。传统反垄断法上的竞争损害，主要是价格损害，数字时代的个人信息损害就是竞争损害。维持市场的有效竞争是反垄断法的当然职责，数字时代的反垄断法应当像维持价格竞争那样维持企业间的个人信息保护竞争。企业在个人信息保护方面达成合谋，或者具有市场支配地位的企业剥削消费者个人信息，应被视为数字时代的新型垄断行为而规定在反垄断法当中。对于数据驱动型集中，竞争损害分析也应以判断消费者个人信息损害为重点。

## 第三节　经济法视野下社会整体利益完善

"目前市场经济错综复杂，各种利益链相互交织。为了有效维护市场经济的稳定性，满足人们的各项需求，必须加强对经济法的重视，确保有效将其融入维护市场稳定性工作当中，并通过合理地对整体模式进行调整，全面发挥经济法的有效作用。在实际工作过程中，要给予高度重视，并做好全面分析，确保对各项工作进行优化与完善，最大化保证经济法应用的高效性，维护各主体权益，杜绝商业不良竞争。"①

## 一、确立经济法新责任形态

经济法是责任形态是指经济法责任外在的表现形式和状态，也就是主体违反了法律义务承担的一种"不利后果"，会产生权利主体利益减损或者义务增加的结果。一般来说，这种对权利主体的"不利后果"会起到惩罚或者威慑的效果，有利于维护经济社会秩序。由于市场经济国际化、市场化进程发展迅速，经济行为也日渐复杂化，法律规制也随之需要强化和不断优化，导致相关主体的权利义务制度和责任形式的多样化，确认新型经济法责任形式不可或缺。

经济法中对于经济法责任的规定，从法律角度进行观察能够发现有很多具有共性的责任形式，如《中华人民共和国商业银行法》第七十四条：商业银行有采取不正当手段吸收存款等行为的，所导致的法律后果有没收违法所得，责令改正，并处倍数或数额罚款，情节严重的或逾期不改正的，可以吊销营业执照或责令停业整顿；《中华人民共和国反不正当竞争法》第十八条：经营者违反本规定实施混淆行为的，所导致的法律后果有没收违法所得，停止违法行为，并处倍数或数额罚款，情节严重的吊销营业执照。无论是从财税法还是金融法或竞争法中，在具有惩罚性的责任形式上都具有共性。从法律惩罚的角度来看，上述具有共性的法律责任形式，包括"直接行为后果"（停止或改正违法行为）—"直接经济后果"（没收违法所得）—"相应经济处罚"（经济罚款）—"主体资格减免"（责令停业或者吊销证照）这一系列责任形态对违法主体的惩罚性层层递进，主体的违法程度越深相应的惩罚越强，违法情形与惩罚手段共同构成了经济法责任体系的基本框架。如果经济法的责任形态仅此而已，通过法律恢复到发生违法行为之前的状态，这是不够的，要

---

① 钱佳琦. 经济法对社会整体利益的维护 [J]. 黑龙江人力资源和社会保障，2021，(14)：51—53.

进一步明确相对应经济法处罚原则，体现"责罚相当"原则。换言之，当违法主体有违法所得时，以违法所得为基数处倍数的罚款金额，违法主体并没有违法所得时，对违法主体罚款一定金额。经济处罚是经济法重要的经济法责任形态。但本文所述的惩罚性赔偿与以往有些区别，此种惩罚性赔偿收归国家而非个人，通过加大经济法责任的追究强度，推进经济社会发展。

上述的经济法责任形态在经济法立法中较为常见，但其中已包括了几种新型的经济法责任形态。

第一个为主体资格的减免，在经济活动过程中，考虑到国家利益及社会公共利益，经济法对一些主体会要求其取得某种资格，责令违法主体停止正在进行的违法行为会使得其主体资格短期内受到限制，吊销营业执照会使得违法者永久丧失相关主体资格，从而可以直接影响其经济收益，这属于违法主体行为严重时承担的经济法责任。资格减免这个惩罚手段普遍适用于经营者和其他相关负责人员，以限制违法主体自由经营由来规制其市场行为，维护市场秩序的法治逻辑，在《中华人民共和国出口管制法》中就存在类似规定，第三十九条中，出口经营者受到处罚，五年内国家出口管制管理部门可以不受理其的出口许可申请，主管人员或直接负责人可以被禁止五年内不得从事有关经营活动，受过刑事处罚的，终身不得从事出口相关的经营活动。对经营者和相关责任人的资格限制，不管是短期还是长期及终身，都会对违法主体产生巨大的负面影响。经营自由作为宪法上的基本权利，对其限制须满足合法性要求。

第二个为信用减等，信用减等也是一种新型经济法的责任形式，信用在市场经济中的重要性日益突出，市场主体不同的信用等级将会直接影响该主体的市场交易机会和经济收益，通过减损信用的方式，可以达到限制违法主体自由交易和减少收益的效果，使其为违法行为承担不利后果。社会信用体系近些年不断完善，信用记录是信用监管的重要数据，经济法领域的信用等级制度、黑名单制度、征信制度等，都涉及信用记录。

复杂的市场交易活动中出现的许多矛盾冲突，以往的责任形式已经不够支撑，需要通过经济法立法来确认经济法的新型责任形式，用多种责任形式来加强市场规制。

## 二、加强经济法立法统合

在当代的成文法国家，都十分普遍重视立法统合，希望通过立法统合推进法制建设增强法治水平。在改革开放后，通过不断努力我国的法律体系基本形成，在推进法治建设中，重视提高立法质量，推动各领域的立法统合已成为重要方向。特别是现阶段我国市场经济发展迅速，在信息化、市场化、全球化趋势下，如何处理政府与市场之间的关系以及改革与发展之间等多方的复杂关系愈发重要，推进经济法立法统合，不仅仅是现实需求，也是学术界的一致认为。

在推动立法统合前，都需要考虑两个问题，一个是为什么要推动立法统合，另一个是立法统合能否推动，回归到经济法领域，经济法推动立法统合的紧迫性和必要性在于能够解决现阶段存在问题，结合现实问题来看，在我国很多其他领域都在同步推进经济法的立法整合。在税收改革时，通过修改相关条例，即《增值税暂行条例》将原来我国的营业税制度，合并进增值税制中，实现了行政法层面的立法统合，另外我国又进一步制定《中华人民共和国增值税法》，实现了在法律层面的立法统合。除此之外，为了应对信息技术和数字经济高速发展所带来的新需求，我国制定了一系列新法《中华人民共和国网络安全法》和《中华人民共和国电子商务法》等，其中都包含了很多经济法规范。上述的立法都反映了经济法立法统合的多层次、多形式和多路径。推动立法统合，有利于提高经济法的立法质量和法治水平，促进经济法学科的人才培养。在现有的法律基础上，经济法统合的重要性还可以从以下方面认识：

第一，法治建设需要经济法的立法统合，我国的社会发展已经进入了新时期，人民对社会生活中的公平和正义有了更高的重视，这是需要我国不断加强法治理建设来回应的。而全面建设法治国家、法治社会和法治经济都离不开立法，经济的又好又快发展离不开经济法治，尤其应强化经济法的立法层级和立法水平，这也是我国近些年持续大量出台经济法立法的重要原因。但随着经济法立法但增加，立法之间但冲突矛盾成为了不得不直面的事情，从立法的系统化角度和不断提升立法层级的角度来说，都有必要推动立法统合。

第二，立法统合可以促进经济社会发展，我国发展现状存在着"三不"问题，不平衡、不充分和不持续的三大问题，想要解决这"三不"问题，贯彻落实新发展理念，需要将经济法制度与经济政策共同加以协调，不断推进立法统合，推动上位法的制定。

第三，立法统合有助于国际竞争与合作。在经济全球化的背景下，国际贸易、投资等各领域的经济冲突的缓解都离不开国际层面的法律协调。在国际贸易中国际法律之间的协调都会落于国内法，无论是国际市场竞争还是税收等问题都离不开经济法的完善。推动经济法的立法统合有利于在国际贸易中切实维护本国利益和保障社会公共利益。

第四，推动立法统合有利于实现国家现代化建设，法治建设和经济建设的现代化，在我国现代化进程中尤为重要。建立现代化经济体系，建设有序竞争和开放的市场体系依赖于现代经济法制度。为了解决各政府部门各自立法的问题，避免经济法制度分散，需要通过经济法的立法统合，提升经济法法律权威，保障高效地规制市场主体的行为，维护经济市场秩序。

立法统合是提升立法体系化、实现制度优化的有效途径，在推进国家治理体系和治理能力现代化进程中，离不开现代化的法治建设。

### 三、倡导执法"类型化"

每个领域或行业又都有其独有的特征，但鉴于很多领域缺乏统一的执法规范性文件或统一的标准，在缺乏统一标准前提下，应该提倡个案分析和合理推定原则。构建示范案例机制，可以弥补法律原则操作性与明确性不够的软肋，给予行政主体更直观的适用指引。比如说在金融监管领域，对于收取贷款承诺费以及财务顾问收取费用等典型的违规行为，可以通过示范案件分析的方式，提取典型案例中的违规因素，形成具有示例作用的类型化标准，在一定程度上会实现遵循先例的指导作用。

## 四、建立经济公益诉讼制度

社会整体利益在市场经济活动中经常受到一些行为主体的违法行为损害，但目前我国现有的诉讼制度在维护整体利益方面存在一定的空缺，部分违法行为存在未追究其责任或未作出相应处罚的可能。因此，经济公益诉讼制度的建立显得尤为重要，该制度的建立能够在一定程度上补足空白。经济公益诉讼是指由于行政机关和其他公共权力机构、公司、企业或其他组织及个人的违法行为或不行为，使社会经济公共利益遭受侵害或者有被侵害的可能时，法律允许公民或团体为维护社会经济公共利益而向人民法院提起诉讼的制度。经济公益诉讼是公益诉讼的一个种类，其目的在于借助司法救济来维护经济秩序，通过提起诉讼的方式能够对社会中那些损害国家和社会的违法行为进行惩戒并达到维护公共利益的目的。个人或者公司的个体利益受到损害，只需要通过普通的诉讼即可。那么经济公益诉讼被提起的前提是违法行为侵害了多数的不特定人群的经济利益。无论个人还是社会组织都可以成为经济公益诉讼的起诉主体，但值得注意的是经济公益诉讼针对的必须是具体的违法行为并具有经济属性，经济公益诉讼体现了较强的公益性。由于我们熟悉的民事诉讼法和行政诉讼法对于提起诉讼的主体都有明确且具体的限制条款，只有与案件有直接损害关系的当事人才有资格提起诉讼，其他无直接关系的主体没有起诉资格。提起经济诉讼的主体范围需要十分广泛。经济公益诉讼提起诉讼主体的范围十分广泛，民事诉讼以及行政诉讼都对提起诉讼的主体做出了具体的限制，即提起诉讼的主体必须与损害事实具有直接的利害关系，否则无权提起诉讼。但在经济公益诉讼活动中，能够提起诉讼的主体包含那些与损害事实没有直接关系的个人、社会组织或国家机关，换言之，在公益诉讼活动中原告可能是某个个人，也有可能是社会组织或者国家行政机关，甚至在一些特殊案件中，国家也可能成为参与经济公益诉讼的主体。任何个人或组织只要对经济社会产生威胁和破坏都可能成为经济公益诉讼的被告。

另外，除了诉讼制度有的救济功能外经济公益诉讼还具备独特的事前预防功能，经济性的违法事实大多损害多数人的经济利益，往往造成的损害结果具有不可逆性和破坏性，每一次的经济违法行为都会扰乱政策的经济秩序，为了减少经济违法行为对经济秩序的扰乱和破坏，经济公益诉讼更加注重违法行为发生之前或损害事实发生之前的预防作用。因此经济公益诉讼与传统诉讼最大的区别是，提起经济公益诉讼不需要以已经发生的损害结果为前提，如果某违法行为通过合理推断可以预见该行为会对社会经济造成损害或者会损害不特定主体的经济利益，也可以直接提起经济公益诉讼。

关于我国为什么可以建立经济公益诉讼这个问题，有以下几个方面的原因：

首先，经济法自身存在矛盾冲突和利益碰撞导致了其具有可诉讼性。伴随着市场经济不断发展，经济矛盾显现出较为明显的反社会性，这种反社会性对经济秩序形成了严重威胁，经济矛盾如果无法化解，在社会经济高速发展过程中不断积累，到一定程度爆发会造成不可逆的损害。基于结果的严重性，经济矛盾不适用采用和解、调解或者仲裁的方式解决，诉讼是最优选择。换言之，当国家发挥宏观调控和规制功能时产生的经济法纠纷，涉及的主体可向司法机关提起诉讼解决纠纷。创新经济法的诉讼制度需要面临传统三大诉讼思维的阻碍，要突破传统观念的束缚，认同经济法的可诉性。

其次，建立经济法公益诉讼具有可行的现实条件，现行的诉讼条例还存在一定的漏洞，存在无法覆盖的案件，特别是与公益诉讼相关的法律法规不够完善，该现状直接导致现实社会中一些损害公共利益的经济性违法行为没有受到相应的制裁。这类经济违法案件都有一定的共性，都侵害了大多数的经济利益，但从性质来看无法单独归属于行政诉讼或者民事诉讼，有点案件不属于法律规定的行政和民事诉讼的管辖范畴，无法通过传统的诉讼途径解决矛盾，经济公益诉讼则可以比较好地解决这类问题，即提起经济公益诉讼，借助司法程序让那些损害社会公共利益或者不特定主体经济利益的违法行为受到惩治。就目前而言，当私人经济利益受到某些经济违法活动的侵害，当事人可以依靠民事诉讼或行政诉讼来维权，但是如果某些经济违法行为没有具体的受害者却造成了公共利益的损害，尤其是一些特殊情形下，损失没有办法计算无法判断，那么被损害的利益是否通过诉讼救济，当前的诉讼制度没有对该问题有相应明确具体的规定，经济法所追求的社会整体利益，如果缺乏了完善的制度保障，则会成为空文，无法具体落实实施。

最后，为了贯彻落实法治精神，公益诉讼制度对实现诉讼民主具有促进作用，经济公益诉讼能够完善经济法对市场经济秩序的保障，促进经济的又好又快发展。

近些年，呼吁建立公益诉讼的声音越来越多，但是我国无论在实践还是理论两个方面关于公益诉讼制度的内容较少，缺乏可参考借鉴的经验。通过学习国外的相关制度和规范，我国可以在以下机关方面借鉴学习：一是放宽提起经济公益诉讼的主体范围，无直接利害关系和主体也可以起诉，起诉主体主要分为个人、社会团体和机关单位。个人能够提起经济公益诉讼，可以调动市场经济中的每个个体，积极主动参与到维护社会经济利益的进程中来，社会团体提起经济公益诉讼，是一种节约司法资源的做法，不同的社会团体在不同的领域内维护着不特定群体的利益，社会团体维护经济利益提起诉讼时不仅可以节约司法资源，还能发挥出超过个体的保护多数人社会经济利益的作用，国家机关单位也可以成为起诉主体，比如检察院，当损害社会经济利益的情形出现，没有适合的主体提起诉讼维护社会经济利益，检察院需要以公权力介入，能够更高效地维护社会经济利益。二是设立经济审判组织，目前我国没有专门的经济审判组织，直接导致了经济法可诉性弱的现象，同样造成维护社会整体利益较困难的影响，经济法功能受到局限不能完全释放。所以建立经济审判组织符合当下经济发展现状，是一项正确选择。经济法冲突常常涉及民事、刑事、行政等不同方面，分开审理不仅耗时长久还会增加当事人的负担，独立审判组织可以完全弥补这一局限性，可以更好更快捷更方便地解决经济矛盾冲突，也能够更有力地维护社会经济利益。

## 第四节　未来经济法功能的基本向度解析

### 一、全球数字化创新下的弱者保护功能

在知识理性的框架内，未来的不可预测性尤为显著，这主要源于科技创新发展的不确定性。科技创新，尤其是数字化创新、人工智能、生物科技等前沿领域，虽然预示着世界的深刻变革，但其结果却充满多样性。这些变革既可能带来前所未有的福祉，也可能潜藏未知的风险。正如核科学技术所展示的那样，其应用既能为人类带来能源与医疗的突破，也暗含灾难性的威胁。

在探索未来的道路上，人们必须将历史、现实与未来紧密关联，以寻找一种相对的可预期性。当前，数字技术的迅猛发展已经将我们带入了一个全新的数字时代，其中数字经济、数字政府、数字人等概念正在重塑我们的生活。而面向未来，随着5G技术的广泛应用和6G技术的超前布局，以及大数据与算法的深度融合，全球数字化创新的浪潮将不断加速。这一浪潮不仅将推动生产力的进步和生产关系的调整，更将深刻影响社会关系以及调整这些关系的法律体系。然而，当数字化创新继续引领时代潮流，创造经济新业态、社会新形态和生活新样貌时，也必须面对一些深刻的挑战。当人类因无法处理海量数据而将决策权交给无意识但高度智能的算法时，可能会发现自己置身于一个由算法主导的世界。在这个世界中，算法可能更了解我们，从而引发一系列关于隐私、安全、

道德和法律的深刻问题。因此，面对数字化创新的挑战，不能仅仅沉浸于数据主义的迷思之中，而应当重新回归人文主义的视角，思考如何在推动科技创新的同时，保障人类的尊严和权利。这需要人们不仅要关注技术的发展，更要关注技术的发展对社会、文化和人类价值观的影响，以寻求一种更加平衡、可持续的发展路径。

在全球数字化创新的浪潮中，从人性的视角出发，我们深刻认识到，所有的技术进步与变革均源于人类对生存与发展需求的满足，以及对幸福与和谐的追求。尽管在数据主义、环保主义、宗教信仰等多元视角下，人性的地位与角色可能受到质疑，但在人本主义的框架下，人性依然是衡量一切价值的核心尺度。面对数字时代的深刻变革，我们不得不正视技术的双刃剑效应：它既带来了前所未有的便利与机遇，也隐含着潜在的威胁与挑战。因此，对于技术的逐利本性和潜在的破坏性，必须进行必要的规制，这种规制不仅涉及技术本身的伦理嵌入，更包括了对技术权力拥有者的伦理和法律约束。这种规制的核心目的在于确保数字时代的未来是向善的、有用无害的，从而保护人类的安全感、幸福感和获得感，实现人性和谐。在数字伦理的建构中，必须关注一系列关键问题，如数字技术的安全性、数字信息的公开与隐私、虚拟世界的伦理规范、比特交易法则以及数字技术犯罪等。这些问题的探讨和解决，是数字时代走向未来的基础要求。然而，在这些问题中，实质正义的实现和弱势群体的保护问题尤为关键。这是因为实质正义和弱者的保护不仅是人性解放和发展的伦理底线，也是实现人性和谐的基石。一旦这一底线被突破，所有关于数字时代的美好设想都将失去其现实意义。

因此，在数字伦理原则的构建中，必须将弱者权利保护置于核心地位，确立最低幸福原则。这意味着所有现代及未来的数字技术都应以向善的伦理原则为指引，以实现实质正义和弱者保护为基本目标。只有这样，我们才能确保数字技术的发展真正服务于人类的幸福与和谐，实现"更好的保护和更高的价值"。

从更为深邃的学术视角审视，对弱势群体的保护不仅是实质正义的核心要义，也是数字化浪潮中不可或缺的伦理基石。数字化创新，尽管以其独特的方式促进了财富的积累、便捷了生活并潜在地重塑着社会关系，却并未触及社会强弱格局的根本。在这一进程中，传统弱势群体的问题尚未得到妥善解决，而新的"数字弱势群体"由于数字鸿沟等因素正逐步显现，其形成速度甚至呈现出加速态势。正如历史上的技术革新可能带来的社会变革，数字化创新亦不例外。它可能基于形式公平的逻辑假设，却在实际操作中产生实质上的不公平。这种不公平不仅体现在数据收集和处理能力的差异上，更在于信息获取、理解和数字技术运用能力的悬殊。这些差异使得原有的强弱力量对比在数字化时代得以进一步扩大，加剧了社会不平等的现象。当人们热情拥抱数字时代，高歌猛进地追求技术创新和制度创新时，不应忽视的是，这些创新的终极目标是实现人性的解放与发展，进而达成社会的和谐。而对弱者的保护，正是实现这一目标的最低伦理要求。因此，如何有效保护这些弱势群体，特别是新兴的"数字弱势群体"，成为了不得不正视的问题。对于这一问题的解答，法律无疑提供了最稳定、最可预期的保障。经济法作为现代法律体系中的重要组成部分，其在保护弱势群体方面发挥着至关重要的作用。通过制定和实施相应的法律法规，经济法能够确保弱势群体的权益得到切实保障，减少数字化创新可能带来的负面影响，促进社会公平正义的实现。

在探讨经济法强化弱者保护功能的逻辑起点时，首先需要理解其深层的理论基础。经济法，作为社会本位和实质正义的坚定捍卫者，面对数字化创新的浪潮，其保护弱者功能的强化具有深远的意义。在数字化时代，随着技术的飞速发展，弱势群体在获取信息、资源分配等方面的劣势被进一步放大，形成所谓的"数字弱势群体"。经济法作为现代法律体系中的重要一环，其强化弱者保护的功能，旨在通过制度设计，弥补数字鸿沟，确保弱者能够分享到科技进步带来的红利，从而实现实质正义和社会公平。

进一步分析，经济法强化弱者保护功能的必要性在于其对于人性解放和发展的深远影响。在数字化创新的推动下，强者与弱者之间的差距日益加大，形成了一种强者恒强、弱者更弱的局面。尽管民法和社会法在保障弱者基本权利和生活条件方面发挥了重要作用，但它们往往侧重于形式正义的维护，未能从根本上解决弱者权利实现的能力问题。经济法则通过发展性的保护策略，旨在提升弱者的权利实现能力，使其能够主动参与到社会经济活动中来，实现自我发展和价值提升。这种"造血式"的保护方式，相较于传统的"输血式"保护，更能从根本上解决弱者面临的问题，符合人性解放和发展的根本要求。

在经济法领域中，强化弱者保护功能的重要性不言而喻。特别是在信息时代背景下，数字弱势群体作为这一特殊时代的弱势群体，其保护问题尤为突出。数字弱势群体，主要指的是因学习能力、知识储备、经济条件等差异，在获取、理解和运用现代信息技术时处于不利地位，难以充分享受数字技术创新带来的红利的群体。其形成不仅仅源于个体因素的差异，还可能源于数字化、智能化进程中所引发的社会结构转型和社会关系变革。经济法在应对这一挑战时，需要寻找可能的路径来强化数字弱势群体的保护。首要任务在于如何推动信息在各主体间实现全面、双向的交互，避免信息仅从弱者流向机构、平台的单向流动。这需要经济法在制度设计上，确保信息流动的公平性和有效性，促进信息的双向交流和共享。同时，经济法应当关注如何确保数字弱势群体能够充分获取、理解和运用信息，以保障其权益不受损害。通过构建完善的信息披露制度、提高信息透明度、优化信息获取渠道等措施，确保信息能够准确、及时地传递给弱势群体，并帮助他们理解和运用这些信息。此外，经济法还可以通过加强教育培训、提供技术支持等方式，提升数字弱势群体的信息获取和识别能力，进一步减少因信息不足或误解而导致的权益受损风险。

在经济法框架下，强化弱者保护显得尤为重要，而经济法中的信息工具优势为这一目标的实现提供了有力支撑。特别是在互联网金融或数字金融创新的背景下，消费者保护成为了一个亟待解决的问题。

第一，信息工具能够显著克服互联网金融领域中的信息流动障碍。在一个信息不对称的市场中，拥有信息优势的市场主体往往缺乏主动公开信息的动力，而经济法赋予信息弱势方规则设定权，促使市场主体在法律的约束下提供真实、准确的信息。这种信息工具的应用，不仅有助于解决信息不充分、不对称的问题，还能通过信息的充分流动，提高市场透明度，促进公平竞争。

第二，信息工具在推动现代消费者教育方面发挥着重要作用。消费者教育是提升消费者信息素养、增强自我保护能力的重要途径。经济法中的信息工具通过提供丰富、准确的信息资源，帮助消费者了解金融产品和服务，掌握基本的金融知识，从而提高其金融素养和风险防范能力。

第三，信息工具在提高互联网金融交易和监管效率、体现民主、节约成本方面也具有显著优势。在互联网金融领域，信息工具的运用使得信息能够借助互联网平台快速传播，交易主体和监管主体都能及时获取所需信息，从而提高交易和监管的效率。

第四，信息工具的应用还体现了民主原则，通过提供全面的信息资源和风险提示，让市场主体在充分知情的基础上做出自主决策。

第五，信息工具的运用减少了公权的大量运行，降低了执法成本，同时也降低了信息劣势方的信息成本，实现了资源的优化配置。

**二、适应新发展格局的发展促进功能**

在当前的全球经济格局下，经济法正经历着从单纯应对到全面预防新型矛盾的转变。这一转变不仅体现了经济法对市场经济环境深刻洞察的能力，也反映了其作为现代法治体系重要组成部分的主动性与前瞻性。当代经济法不再仅仅是市场安全的守护者，更是市场经济发展的推动者。其从消极地应对问题转向积极地预防风险，旨在构建更为健康、稳定的市场生态。

面对逆全球化、贸易战等多重挑战，国内大循环为主体、国内国际双循环相互促进的新发展格局应运而生。在这一背景下，经济法与新发展格局在政府与市场关系上形成了紧密的耦合关系。经济法以其"干预之法"的属性，有效地平衡了政府与市场之间的张力；其"回应型法"的品格，则使得经济法能够迅速、准确地响应市场变化；而"问题导向"的特征，确保了经济法在解决实际问题时能够精准发力。

在新发展格局的构建中，经济法的作用不可或缺。一方面，经济法需要实现从干预型政府向规制型政府的转变，通过更加精细化的法律规制，引导市场行为，保障市场公平竞争；另一方面，宏观调控法需要坚持"法治化下的相机抉择"，既要确保政策的合法性、合理性，又要根据市场实际情况灵活调整政策取向；同时，市场规制法也需要同步推进制度供给与规制变革，以制度创新引领市场规范，以规制变革促进市场活力。

（一）新发展格局的提出背景、内容及构建路径

在全球化趋势遭遇逆流的当下，中央政治局会议提出的深化供给侧结构性改革，构建以国内大循环为主体、国内国际双循环相互促进的新发展格局，展现了中国应对外部挑战、推动经济高质量发展的坚定决心。这一新发展格局的提出，不仅是对外部冲击的积极回应，更是中国经济结构转型、经济发展模式升级的必然选择。

从国际环境来看，贸易保护主义抬头、全球产业链供应链受阻等挑战日益严峻，要求中国通过优化发展战略，增强自身在国际竞争中的韧性和活力。面对单边主义和保护主义的冲击，中国坚定维护多边贸易体制，推动构建开放型世界经济。

从国内环境来看，中国面临着经济发展不平衡不充分、社会主要矛盾转变等一系列内部挑战。深化供给侧结构性改革，充分发挥超大规模市场优势和内需潜力，是推动经济持续健康发展的关键。通过调整经济结构，优化产业布局，提升产业链供应链水平，可以有效解决城乡发展不平衡、核心科技领域突破不充分等问题。同时，培育内需市场，稳定外需，构建多元化国际市场循环，也是化解当前经济风险、推动经济转型升级的重要途径。

　　构建新发展格局的过程，是中国经济自我突破、自我提升的过程。通过打通产业链供应链堵点，畅通双循环基础，加快补链和定点连接，中国正努力在危机中寻找新的发展机遇，实现经济的持续稳健发展。这一新发展格局的提出和实施，对于推动中国经济高质量发展、实现"十四五"规划目标具有重要意义，也为世界经济的稳定与发展贡献了中国智慧和中国方案。

　　在经济全球化的时代背景下，面向未来的发展策略需聚焦于内需潜力的挖掘与国际国内市场的深度融合。这一策略旨在实现更强劲、更可持续的经济增长。新发展格局的推进，关键在于构建完备的内需体系，并推动数字经济、智能制造等领域的科技创新，以此打造新的经济增长点和高质量的市场体系。这不仅有助于提升国内经济循环的畅通性，也是适应全球经济结构变化，提升国际竞争力的关键所在。

　　实现国内国际双循环相互促进，对于重塑国际合作与竞争新优势具有决定性意义。通过打造面向全球的高效产业链、供应链和创新链，我国将能够改变在价值链中的中低端定位，进一步融入全球价值链、产业链、供应链和创新链的体系中。这种融入不仅是经济循环的深化，更是国家竞争力的提升和国际地位的重塑。

　　新发展格局的实施，本质上是对经济结构进行全面优化和升级的过程。通过改进生产、交换、分配、消费等经济环节，调整供需结构，优化劳动力、土地、资本、技术等要素的配置，我国经济将持续获得新的增长动力。这一过程中，需要打通供需两端，强化产业链、供应链和创新链的耦合，推动要素的市场化配置，以及发挥新理念、新科技、新经济、新基建、新机制等五大方面的积极作用。

　　具体而言，深化供给侧结构性改革，优化投资结构、产业结构、分配结构、流通结构和消费结构，是实现高质量有效供给的基础。发掘国内市场需求，构建完整高效的内需体系，对于扩大内需、促进经济增长至关重要。同时，加快完善国内产业链，提升供应链能力，以及补齐创新链短板，是提升我国在全球价值链中地位的关键。新发展格局的实现需要新发展理念的引领，以及科技创新、经济模式创新和新基建等要素的持续支持。这些措施共同构成了面向未来经济发展的全面战略框架，将为我国经济持续健康发展提供有力保障。

（二）经济法与新发展格局的关系

在探讨法治在经济治理中的角色时，必须认识到法治并非在所有治理领域中都具有逻辑上的优先性。然而，当我们将目光转向新发展格局，特别是与具有"国家干预之法"属性的经济法相结合时，可以发现两者之间存在显著的耦合性。这种耦合性为经济法在治理中发挥作用提供了广阔的空间。新发展格局的构建，无论是基于国内大循环还是国内国际双循环的考量，都涉及到生产、交换、分配、消费等经济环节的深度调整和优化。这些调整不仅要求市场机制的有效运行，也需要政府的有力推动和监管。在这一背景下，经济法作为回应型法律，其"有效市场"与"有为政府"的理念显得尤为重要。经济法通过对财政、税收、金融、产业、价格、规划、竞争、消费者保护等领域的法律规制，为新发展格局的构建提供了坚实的法律保障。值得注意的是，经济法在解决经济环节改进和结构调整中遇到的问题时，展现出了其独特的"问题导向"立法特征。它不仅仅是被动地适应经济发展的需要，更是主动地预见和应对可能出现的问题。这种前瞻性和预见性使得经济法在新发展格局的构建中发挥着不可替代的作用。

第一，在新发展格局的构建过程中，政府与市场的关系被赋予了更为深刻的内涵和期待。一方面，"有效市场"被视为资源高效配置和经济发展的核心驱动力，体现了市场机制在资源配置中的决定性作用。这不仅包括促进资源的自由流动和优化配置，还涵盖了实现要素的市场化流动，以支持国内国际两个市场的深度融合和两种资源的有效利用。另一方面，"有为政府"则成为了推动经济结构优化、营造稳定宏观经济环境的重要力量。政府的作用在于，在尊重市场规律的基础上，通过优化政策环境、改善营商环境、完善法律保障等手段，积极引导和调节市场行为，以改革激发市场活力，用政策引导市场预期，用规划明确投资方向，用法治规范市场行为。新发展格局的构建，既需要"有效市场"的支撑，也离不开"有为政府"的推动。在国内大循环的背景下，政府需要关注经济结构的调整、经济环节的改进以及经济要素的优化，确保市场在资源配置中的决定性作用得以充分发挥。同时，在国内国际双循环的框架下，政府还需加强与国际市场的合作与协调，推动国内外资源的优化配置和有效利用。面向未来，新发展格局的形成将面临一系列挑战，如制度性成本偏高、融投资成本高、中低端制造业产能过剩以及消费拉动内需能力不足等。这些问题需要政府发挥积极的治理作用，通过深化改革、完善政策、加强法治等手段，推动问题的解决和经济的可持续发展。具体而言，政府可以进一步优化营商环境，降低制度性成本；加强金融监管，防范金融风险；推动产业升级和转型，提升中高端制造业的竞争力；同时，通过政策引导和市场培育，提升消费需求和消费能力，以消费拉动内需增长。

第二，在探讨新发展格局与经济法关系时，核心在于理解"有效市场"与"有为政府"的相互作用，并明确其在法律层面的具体体现。这一互动在经济法领域中，特别是宏观调控法与市场规制法上，得到了深刻的体现。

新发展格局的推进，要求经济结构、环节和要素的全面调整与变革，这必然需要政府通过财政、税收、金融、产业规划等多元化的手段实施宏观调控。这种宏观调控旨在实现经济目标的协调与平衡，确保新发展格局的顺利实现。同时，为避免政府行为的主观性、政府失灵及调控失误等风险，宏观调控法承担着关键的角色，确保宏观调控的规范、科学和高效。这要求宏观调控法在法治化的道路上不断前进，不断完善相关的法律制度，如税法、财政法、金融法、规划法、产业法等，以适应新发展格局的需要。

在新发展格局下，市场规制法也发挥着不可替代的作用。新发展格局的形成虽然基于对国内外经济环境、经济形势及市场机制现状的深思熟虑，但并非市场的自发产物。因此，市场规制法不仅要完善国内市场机制，构建全国统一竞争市场，促进要素在国内市场的自由流动，还要在国际层面发挥作用，促进国家间的公平和正当竞争，维护全球经济运行秩序，推动要素在国际市场的自由流动。这一过程中，市场规制法不仅是对市场机制的规范，更是对全球市场秩序的维护，体现了经济法在新发展格局中的重要作用。

（三）经济法促进和保障新发展格局的可能

现代市场体系和现代经济体制均离不开经济法的促进和保障，以经济法为重点的经济法治体系，对于现代化经济体系的构建尤其重要。

第一，经济法作为现代法律体系中的重要组成部分，其"干预之法"的本质在新发展格局的构建中起到了不可或缺的作用。这种"干预"并非单一面向市场，而是对市场和干预者双重维度的规制，旨在防止"双重失灵"现象的发生。新发展格局的核心在于优化资源配置，实现国内外市场的均衡发展。然而，市场机制的局限性使得资源优化配置过程中难免出现市场失灵，而政府的干预行为也存在着"不为"或"乱为"的风险。经济法正是通过规范国家干预经济的法律形式，有效地矫正这些失灵现象，确保资源的有效配置，进而维护经济安全、保障竞争秩序，并为弱势群体提供必要的保护。

第二，经济法"回应型法"的品格使其在面对新发展格局这一新时期的战略调整时，能够迅速作出积极回应。新发展格局的提出与构建，是对科技、经济、社会等多维度条件的重新整合与布局，它要求法律体系能够与之相适应，为其提供坚实的法治支撑。经济法作为回应型法律，其制度设计和实施策略都将围绕新发展格局的需求展开，及时调整和完善相关政策法规，以适应新的科技、经济、社会发展趋势，从而有效促进和保障新发展格局的构建。在这一过程中，经济法不仅实现了对新发展格局的积极回应，也实现了自身的创新与发展。

第三，经济法作为法律体系中的重要一环，其显著的"问题导向"特征在推动和助力新发展格局形成的过程中发挥着至关重要的作用。这一特征源于经济法对市场经济运行中特定问题的敏锐洞察和深刻回应，其核心在于将经济社会发展中不断出现的新问题纳入法律调整的范畴，并寻求有效的解决策略。经济法在追求稳定与回应、体系化与灵活适应之间寻找平衡的过程中，逐渐形成了"问题导向"的鲜明特点。这种特征使得经济法能够迅速捕捉到经济社会发展的新动态，及时对出现的问题作出回应，并通过制度的完善和优化，为问题的解决提供法律保障。在新发展格局下，政府与市场关系的调整是核心议题之一。经济法在这一领域内的应用，尤为关注宏观调控法与市场规制法所面临的问题。通过深入研究这些问题，经济法不仅能够提供针对性的法律解决方案，还能推动相关法律制度的变革和创新，以适应新经济环境下的需求。具体来说，经济法以问题为导向，通过"发现问题—作出回应—制度完善"的逻辑链条，为新发展格局的构建提供了坚实的法治支撑。在面对新的经济问题时，经济法能够迅速作出反应，通过调整和完善法律制度，使之具备对新问题的回应能力和对旧问题的改造能力。这种针对性和目标导向性，使得经济法在推动新发展格局形成的过程中，展现出强大的生命力和适应性。

### 三、面向风险叠加的安全保障功能

在经济风险治理的复杂背景下，经济法的安全保障功能凸显了其重要性和必要性。鉴于风险来源的复杂交织性和风险的叠加性特征，经济法在强化安全保障功能时，尤为注重通过法治建设推动经济风险的协同治理。这一路径的实施，旨在有效整合政府、社会和市场三方治理资源，以实现风险治理效果的最大化。

协同治理机制的构建，首先是基于对未来经济风险特征的深刻认识。随着风险形态的系统性、复杂性和叠加性日益显著，传统单一的治理方式已难以满足应对风险的需求。此外，风险治理过程中对知识、价值和方法的多样化要求，也促使我们寻求协同治理这一更为全面和高效的治理方式。其次，从治理资源的角度看，政府、市场和社会各自拥有独特的治理优势和局限性。政府在权力、资源和信息方面拥有显著优势，但在风险识别和应对的灵活性上可能稍显不足；市场则能迅速感知风险变化并作出反应，但其逐利性可能导致风险管理的短视和偏颇；社会作为风险承受者，其参与治理的意愿和能力也在不断提升，但其分散性和非专业性也可能影响治理效果。因此，协同治理机制的构建，正是为了将这三者的优势有效结合，弥补各自的不足，形成优势互补的治理合力。

具体到金融风险治理中，协同治理的需求尤为迫切。金融风险的复杂性不仅体现在参与主体的多元性、风险层次的交织性，更在于风险环节的相互影响和叠加。这种复杂性要求我们在风险治理中，既要考虑到不同治理主体的能力边界和相对优势，又要通过协同治理的方式，实现治理资源的高效整合和有效利用。协同治理不仅可以弥补单一主体治理的局限性，还可以提高治理的针对性和有效性，从而更好地应对金融风险的挑战。

在经济法领域，强化其安全保障功能以应对风险，关键在于构建一个能够推动协同治理机制实现的法律框架。协同治理作为一个多维度、复杂性的概念，涉及法权结构、信任与合作、治理结构和知识共享等多个核心要素。这些要素的有序运行和有效整合，离不开经济法的引领和保障。

具体而言，经济法在强化安全保障功能时，应当通过精细化的制度设计，实现对治理主体权力（力）、责任和利益的合理配置。这要求经济法不仅作为"授权法"，明确各治理主体的职权范围，还要作为"行为激励法"，通过法律手段激发治理主体参与协同治理的积极性。同时，经济法应作为"权力（利）保障法"，确保治理主体在协同过程中享有的权利得到充分保护，不因其他因素而受到侵害。此外，经济法还应发挥"控权法"的作用，对治理行为和过程进行必要的监督和约束，确保治理活动在法治轨道上运行。

法律激励作为推动协同治理的重要动力，需要通过经济法对治理主体的协同动机进行正面强化，并选择合适的激励工具，如税收优惠、政策扶持等，以激发治理主体的积极性和创造力。而责任机制的构建则是保障治理效果的关键，经济法应强化对各治理主体职责的明确和追责机制的建设，确保治理责任能够得到有效落实。

# 第四章 现代行政法理论与实践发展

## 第一节 行政法及其法律关系

### 一、行政法的职能表现

行政是行政主体依法对国家和社会事务进行组织和管理，集合和分配公共利益的一种国家职能。具体表现在以下方面：

第一，行政具有主体特定性。行政的主体是一定的国家组织或社会组织，行政是对国家事务或社会事务的管理，必须由一定的法律主体来进行。行政的主体主要是行政机关，即从事国家事务和社会公共事务管理的国家组织。由于行政任务的多元化和复杂化，除行政机关外，非行政机关的组织也可根据法律或法规的授权从事一定的行政管理职能，因而也成为行政的主体。当然，组织的行政活动还需要这些组织中的工作人员来具体实施或完成。实践中还存在行政机关委托社会组织或人员从事一定行政事务活动的情形。

第二，行政具有执行性。行政并不是国家的所有活动，而是行政机关实施国家行政权的活动。这种活动主体主要是国家行政机关，活动的内容是实施国家行政权。在我国，行政作为一种执行活动，是行政机关执行权力机关意志的活动。

第三，行政具有法律性。现代行政管理首先是依法管理，行政活动不能超越法律，要受法律的约束。"依法行政"是当代行政法的原则和核心，一切行政都要遵循法律所规定的条件、程序、方式、形式等，违法行政，自然没有法律效力。

第四，行政具有强制性。行政是国家的活动，体现了国家的意志，行政的实施以国家的政权为后盾，以法律的强制力为保障。行政主体所实施的行政活动，相对人有服从、接受和协助的义务，否则，行政主体可以借助法律手段来强制相对人执行和服从自己的行政决定。

第五，行政内容具有公益性。行政是一种与公共权力相联系的国家行为，它具有公益性。它以社会公共利益的取得为自己的宗旨和目标。

第六，行政具有受监督性。行政活动必须受到严格的监督，这种监督既有来自权力机关的监督，也有行政机关自身的约束，还有来自政党和其他社会组织以及自然人的监督。

## 二、行政法的类别划分

由于行政法调整的社会关系十分广泛，涉及社会生活的各个领域。行政法律规范极为繁杂，因此，为了揭示行政法的特征和实质，把握行政法产生和发展的规律，有必要对其进行分类研究。目前我国学者从不同角度，依不同标准，对行政法进行了分类。

第一，以行政法的作用为标准，将行政法分为行政组织法、行政行为法、监督行政行为法。行政组织法即有关行政组织的规范。这类规范基本上可分为两部分：①有关行政机关的设置、编制、职权、职责、活动程序和活动方法的规范，其中职权、职责规范是行政组织法的核心；②有关国家行政机关与其公务员双方在录用、培训、考核、奖惩、职务升降等方面的规范，这部分规范体现在公务员法中。

第二，以行政法调整对象的范围为标准，将行政法分为一般行政法与特别行政法。一般行政法是对一般的行政关系和监督行政关系加以调整的法律规范和原则的总称。如行政组织法、公务员法、行政处罚法等。一般行政法调整的社会关系范围广、覆盖面大，有更多的共性，常常是其他行政法规范的基础。特别行政法也称部门行政法，是对特别的行政关系和监督行政关系加以调整的法律规范和原则的总称。如经济行政法、军事行政法、教育行政法、公安行政法、民政行政法、卫生行政法、体育行政法、科技行政法等。特别行政法比较具体，也是行政法不可分割的组成部分。

第三，以行政法规范的性质为标准，行政法可分为实体行政法与程序行政法。实体行政法是规范行政法律关系主体的地位、资格、权能等实体内容的行政法规范的总称。程序行政法则是规定如何实现实体性行政法规范所规定的权利义务的行政法规范的总称。如行政诉讼法、行政程序法等。在行政实践中，实体行政法与程序行政法总是交织在一起的，对行政主体来讲，实体行政法规定行政主体的组织原则和组织体系，规定行政行为的内容、效果和责任等，而程序行政法则规定行政主体组织、活动及承担责任的步骤、方式及方法等。

## 三、行政法的法律关系

行政法律关系是指经过行政法规范调整的，因实施国家行政权而发生的行政主体与行政相对方之间、行政主体之间的权利与义务关系。中国当代行政法律关系已不是过去那种单纯的管理与被管理关系，而是有了多样化形式，具体包括：行政主体对行政相对人的直接管理关系；行政主体对行政相对人的宏观调控关系；行政主体对行政相对人的服务关系；行政主体对行政相对人的合作关系；行政主体对行政相对人的指导关系；行政主体对行政相对人的行政赔偿关系；国家法律监督机关与行政相对人对行政主体的监督行政关系。从这些多样化的行政法律关系中不难看出，行政相对人的权利明显增长，监督法律关系明显强化，行政主体与行政相对人之间权利义务的配置趋向均衡，同时也体现出行政活动的内容日益丰富，方式也日益民主化、公开化和合理化。行政法律关系不同于行政关系。行政关系是行政法的调整对象，而行政法律关系是行政法调整的结果。行政法并不对所有行政关系作出规定或调整，只调整其主要部分。因此，行政法律关系的范围比行政关系小，但内容层次较高。

（一）行政法律关系的主客体

1. 行政法律关系的主体

行政法律关系的主体，即行政法主体，也称行政法律关系的当事人，是行政法权利的享受者和行政法义务的承担者。行政法律关系同其他法律关系一样，有权利义务相对立的双方当事人，即以行政主体为一方当事人，以相对人为另一方当事人。其中，行政主体是指在行政法律关系中享有行政权，能以自己的名义实施行政决定，并能独立承担实施行政决定所产生的法律后果的一方主体。行政相对人是指在行政法律关系中，不具有或不行使行政权，同行政主体相对应的另一方当事人，包括外部相对人和内部相对人。行政第三人是指在行政法律关系中与行政决定有法律上利害关系的公民、法人或者其他组织。

行政法律关系的主体具有恒定性。这是因为行政法律关系是在国家行政权作用过程中所发生的。国家行政权是由行政主体即国家行政机关和法律、法规、规章授权的组织来行使的，是行政主体代表国家对公共利益的集合和分配。非行政主体不能代表国家集合和分配公共利益，因而也就不能行使行政权。因此，行政法律关系总是代表公共利益的行政主体同享有个人利益的相对人之间的关系。行政法律关系中总有一方主体是行政主体，不以行政主体为一方当事人的法律关系不可能是行政法律关系。行政法律关系的这一特点是行政法律关系与其他法律关系的重要区别之一。此外，行政法律关系的主体具有法定性。即行政法律关系的主体是由行政法律规范预先规定的，当事人没有自由选择的可能。

2. 行政法律关系的客体

行政法律关系的客体，是指行政法律关系主体的权利义务所指向的对象或标的。财物、行为和精神财富都可以成为一定行政法律关系的客体。

（1）财物。财物是指具有使用价值和价值，能够为行政法律关系主体在法律上和事实上予以控制和支配的物质财富，包括实物和货币。物质财富是行政法律关系较常见的客体。

（2）行为。行为是指行政法律关系主体的行为，包括作为和不作为。行为作为行政法律关系的客体，有合法行为与非法行为之分。

（3）精神财富。精神财富是指行政法律关系主体从事智力活动所取得的成果。如商标权、专利权、发明权等物质权益以及与人身相联系的非物质财富，如名誉权、荣誉权等。这些精神财富均可成为行政法律关系的客体。

（二）行政法律关系的内容

行政法律关系的内容是指行政法律关系的主体所享有的权利和所承担的义务。行政法律关系主体的权利，是指由行政法规范规定的，行政法律关系主体以相对自由的作为或不作为方式获得利益的一种手段。行政法律关系主体的义务，是指由行政法规范规定的，行政法律关系主体以相对抑制的作为或不作为方式，承担负担或保障权利主体获得利益的一种手段。因此，行政法律关系中的权利是相对于利益关系中的利益和行政法律关系中的义务而言的，行政法律关系中的义务是相对于利益关系中的负担和行政法律关系中的权利而言的。行政主体和相对人都享有一定的权利，承担着一定的义务。

行政法律关系的内容具有以下特征：

第一，内容设定的单方面性。行政主体参加行政法律关系，成为行政法主体，是为了实现国家的行政职能。行政主体同行政相对人的关系，在当代法治社会，是一种服务与合作关系。这就是说，行政主体享有国家赋予的、以国家强制力为保障的行政权，其意思表示具有先定力。行政主体单方面的意思表示，就能设定、变更或消灭权利义务，从而决定一个行政法律关系的产生、变更与消灭。行政主体设定、变更或消灭权利义务，无须征得相对人的同意，不以同相对人意思表示取得一致为要件。并且，当相对人不履行行政法义务时，行政主体可运用行政权予以制裁或强制其履行，但相对人对行政主体却没有这种权利。这就是行政法律关系的单方面性，因而明显区别于民事法律关系的平等、自愿、等价有偿和意思表示一致性。行政法律关系的这一特点，是由公共利益与个人利益关系中的公共利益本位性决定的。

第二，内容的法定性。行政法律关系中的权利义务，是由行政法律规范预先规定的，当事人没有自由约定的可能。行政法律关系的这种主体和内容的法定性，使其区别于民事法律关系。在民事领域，一方当事人有权选择另一方，事人与其成立民事法律关系，有权自由约定双方的权利义务。

## 第二节　行政主体与行政行为分析

### 一、行政主体

行政主体是依法享有国家行政权力，能以自己的名义实施国家行政管理活动，并对由此产生的行为后果独立承担法律责任的组织。对此，我们可以分解为"权""名""责"三个要素来理解：①权——自己享有并行使行政管理职权；②名——以自己名义实施行政管理活动；③责——必须能够独立承担因行政活动而产生的法律责任。

（一）行政机关

行政机关是指依照宪法和组织法的规定而设立的依法行使国家行政权力，对国家行政事务进行组织管理的国家机关，是国家机构的重要组成部分。它执行代议机关制定的法律和决定，管理国家内政、外交、军事等方面的行政事务。按照管辖范围，行政机关分为中央行政机关和地方行政机关。地方行政机关又可分为若干层次。

国家行政机关是国家权力机关的执行机关，有权制定行政法规，发布决定和命令等，指导所属各部门、下级国家行政机关、企事业单位、社会团体的行政活动。国家行政机关实行首长负责制与集体领导相结合的原则。按照国家行政机关的管辖权和活动地域，国家行政机关又分中央行政机关和地方行政机关。

国家行政机关具体指的是：国务院及其所属各部、委各直属机构和办事机构；派驻国行政机构，是设置于行政机关内部的通过授权方式取得行政主体资格的行政组织；作为行政主体的公务组织，是国家依法设立的专门从事某种公共职能事务活动的，通过授权方式取得行政主体资格的组织；作为行政主体的社会组织，是通过授权取得行政主体资格的企业、事业单位和社会团体。

（二）公务员

公务员，是指依法履行公职、纳入国家行政编制、由国家财政负担工资福利的工作人员。按照上述规定，是否属于公务员，必须符合三个条件：①依法履行公职，即依法从事公务活动的人员；②纳入国家行政编制，公务员必须是纳入国家行政编制序列、履行公职的人员；③由国家财政负担工资福利。由国家为他们提供工资、退休和福利等保障。公务员属于国家财政供养的人员，但并不是财政供养的人员都是公务员。

二、行政行为

行政行为是指行政主体行使行政职权所作出的能够产生行政法律效果的行为。行政行为包括以下含义：

第一，行政行为是行政主体所为的行为。行政主体包括行政机关和法律法规授权的组织。行政机关的公务员与法律法规授权组织的工作人员以及行政机关委托的组织或个人，以行政主体名义实施的行为，被视为行政主体的行为。

第一，行政行为是行使行政职权、进行行政管理的行为。行政机关虽然可以以多种身份进行活动，包括以民事主体身份进行民事活动、以行政主体身份进行行政管理活动，但是，只有以行政主体身份行使行政职权、进行行政管理活动的，才是行政行为。

第三，行政行为是行政主体实施的能够产生行政法律效果的行为。所谓能够产生行政法律效果，是指行政主体的行为能对行政相对人的权利、义务产生影响，包括有利的影响，如给行政相对人发放许可证、提供行政物质帮助等。也包括不利的影响，如对违法的行政相对人给予行政处罚等。并非行政主体所有的行使行政职权的行为都能够产生法律效果，如那些纯粹的工作汇报、通知等行为，由于不会对相对人的权利和义务产生影响，因此，不属于行政行为。

## 第三节 行政许可、行政确认与行政处罚

### 一、行政许可

行政许可通常也叫行政审批，是指行政主体根据公民、法人或者其他组织提出的申请，经依法审查，准予其从事特定活动的行政行为。行政许可理论认为，行政许可实际上是在法律一般禁止的情况下，由行政主体对特定相对人予以一般禁止的解除，行政相对人因此而获得从事特定活动或实施特定行为的权利或资格。

行政许可是行政主体依法对社会、经济事务实行事前监督管理的重要手段。实行行政许可制度有利于国家对经济和其他方面的事务进行宏观调控，有利于国家维护良好的经济秩序和社会秩序，有利于保护公民、法人或其他社会组织的合法权益，有利于保护国家资源和生态环境。

行政许可分为以下类别：

（一）一般许可与特别许可

一般许可与特别许可是根据对许可申请人的要求不同所作的分类。一般许可是指只要符合法定的条件，就可向主管行政主体提出申请，对申请人并无特殊限制的许可，如营业许可、驾驶机动车许可。特别许可是指除必须符合一般条件外，还须对申请人予以特别限制的许可，如持枪许可、烟草专卖许可。

（二）权利性许可与附义务的许可

权利性许可与附义务的许可是根据行政许可是否附有相应义务所作的分类。权利性许可是指获得行政许可者可以根据自己的意志，自由放弃行使该项许可所赋予的权利的许可形式，如营业许可、驾驶许可、排污许可等。附义务的许可是指获得行政许可者在得到许可的同时，必须承担一定时期内从事该项活动的义务，否则要承担一定的法律责任的许可形式，如专利许可、商标许可、建设用地许可等。

（三）排他性许可与非排他性许可

排他性许可与非排他性许可是根据被许可人对许可的占有程度所作的分类。排他性许可是指个人或组织获得某种许可之后，其他任何人或任何组织均不能再获得该项许可的许可形式，即获得行政许可者对该项许可有独占的权利，如专利许可、商标许可。非排他性许可是指凡具备法定条件者均可申请并获得的许可，如营业许可、驾驶许可。

（四）独立证书许可与附文件的许可

独立证书许可与附文件的许可是根据许可证的证明程度所作的分类。独立证书许可是指单独的许可证便已表明了许可的全部内容，无须其他文件补充说明的行政许可，如卫生许可证、驾驶执照等。附文件的许可是指除许可证本身外，还须附加文件对许可的内容加以补充说明的行政许可，如建设许可、动植物入境的海关许可等。在这类行政许可中，附加文件是不可缺少的组成部分。

此外，根据行政管理的领域，行政许可可以分为公安行政许可、工商行政许可、卫生行政许可、农业行政许可、环保行政许可、交通行政许可、文化行政许可、城建行政许可等。根据行政许可的目的，行政许可还可以分为保障公共安全的行政许可、维护社会良好风尚的行政许可、保护生态环境的行政许可、加强城市管理的行政许可等。

## 二、行政确认

行政确认是指行政主体依法对行政相对人的法律地位、法律关系或者有关法律事实进行甄别，给予确定、认定、证明（否定），并予以宣告的具体行政行为。行政确认是国家行政管理的重要手段。行政主体正确地实施行政确认行为，有利于国家行政管理活动的科学化、现代化，有利于保障行政相对人的合法权益，有利于预防和解决各种社会矛盾和纠纷，有利于维护国家经济秩序和社会秩序。

行政确认分为以下类别：

（一）根据确认行为的内容划分

1. 法律事实的确认

行政确认中的法律事实是一种特定的法律事实，它与行政相对人的法律地位或权利义务紧密相关。法律事实的确认，是行政主体对特定事实的性质、状态、真伪、等级、数量、质量、规格等的确认。这种确认涉及的范围很广，内容也较复杂，主要包括如下方面：

（1）技术鉴定，如产品质量鉴定、交通事故责任鉴定、专利技术鉴定、计量鉴定等。

（2）卫生检疫，如食品卫生检验、传染病监测、动植物检疫、餐饮业从业人员健康检查等。

（3）抚恤性质和等级的鉴定，如因公、参战、作战牺牲的性质鉴定与伤残等级鉴定等。

2. 法律关系的确认

行政确认中的法律关系是一种特定的权利义务关系。这种特定的法律关系作为行政确认的对象，既可以表明行政相对人的行政法律地位，也可以表明行政相对人的民事法律地位。根据目前我国法律、法规的规定，对法律关系的行政确认主要包括如下方面：

（1）不动产所有权的确认，如行政机关对土地、草原、山林、水面等自然资源所有权的确认和对个人房屋所有权的确认等。

（2）不动产使用权的确认，如行政机关对自然资源使用权、房屋使用权的确认。

（3）专利权的确认，如专利管理机关通过颁发专利证书，对公民或社会组织的专利权的确认。

（二）根据确认行为的表现形式划分

第一，确定。确定是指行政主体对公民或社会组织的法律地位和权利义务的确定，如颁发土地使用权证、房屋所有权证，以此确定行政相对人的财产权利的行政确认行为。

第二，认定（认证）。认定是指行政主体对公民或社会组织已有的法律地位与权利义务的判定以及对有关事项是否符合法律要求的承认与肯定，如做出道路交通事故责任的认定书、产品质量认证书的行政确认行为。

第三，证明。证明是指行政主体向其他人明确肯定被证明对象的法律地位、权利义务或某种情况，如颁发各种学历学位证明、居民身份证明、货物原产地证明、卫生合格证明等行政确认行为。

第四，登记。登记是指行政主体根据行政相对人的申请，在行政管理部门的相关登记账簿中记载其某种事实状况，以此确认其法律地位的行为，如工商企业登记、纳税登记、房屋产权登记、户口登记、婚姻登记等。

第五，鉴证。鉴证是指行政主体对某种法律关系的合法性进行审查后，确认或证明其效力的行为，如工商管理机关对经济合同所作的鉴证。

（三）根据确认行为的实施领域划分

第一，公安行政确认。公安行政确认主要有公安机关对交通事故责任的认定、对交通事故等级的确认、对火灾事故责任的认定、对公安行政管理中某些人员的精神病鉴定等。

第二，劳动行政确认。劳动行政确认主要有相关行政管理部门对劳动者伤亡事故责任的认定、对锅炉压力容器事故责任的认定、对重大责任事故的认定、对无效劳动合同的确认等。

第三，卫生行政确认。卫生行政确认主要有卫生管理部门对新药或进口药品的认定与对食品卫生、化妆品卫生的确认等。

第四，民政行政确认。民政行政确认主要有对结婚、离婚条件的确认，对现役军人死亡性质、伤残性质的确认，对是否有权领取最低生活保障费的贫困人口的确认等。

第五，经济行政确认。经济行政确认主要有相关行政管理部门对产品标准化的认证，对计量器具的检定，对产品质量的认定，对专利权、商标权、著作权属的确认，对自然资源所有权和使用权的确认等。

### 三、行政处罚

行政处罚，是指行政主体为达到惩治和预防违法行为，维护公共利益和社会秩序，保护公民、法人或其他组织的合法权益的目的，依法对违反行政法律规范但尚未构成犯罪的行政相对人实施法律制裁的行政行为。

行政处罚可分为以下类别：

（一）警告

警告是指享有处罚权的行政主体对违法行为人实施的一种书面形式的谴责和告诫。它既具有教育性质又具有制裁性质，目的是向违法者发出警戒，声明其行为已经违法，告诫其今后应避免再犯。警告是最轻微的一种行政处罚，一般适用于情节轻微或未造成实际危害结果的违法行为。

在我国法律制度中，警告主要有两种，即作为行政处罚种类之一的警告和作为行政处分种类之一的警告。两种警告在目的和意义上都是相同的，他们都是通过对当事人施加精神上的压力达到惩戒的目的。但两者的区别也是明显的：作为行政处罚的警告是行政机关在进行社会管理过程中对于违法的公民、法人或者其他组织实施的惩戒行为；而作为行政处分的警告是行政机关对其内部违反法纪的公务员实施的惩戒行为。

（二）罚款

罚款是指享有处罚权的行政主体依法强制违法行为人在一定期限内向国家缴纳一定数额的金钱的处罚方式。罚款的数额一般由具体的行政法律规范做出规定，行政处罚机关只能在法定幅度内决定罚款数额，不能超越法定数额。罚款所针对的是违法行为人的合法收入，如果是行为人的非法收入当属于没收的范畴。罚款必须全部上缴国库。做出罚款决定的行政机关应当与收缴罚款的机构分离。除法定当场收缴的情形外，做出行政处罚决定的行政机关及其执法人员不得自行收缴罚款。依法当场收缴罚款的，必须出具统一收据，否则，当事人有权拒绝缴纳罚款。

在我国法律制度中，罚款与罚金都属于金钱处罚，但两者存在很大的区别：①性质不同。罚款是行政处罚；罚金是刑罚方法。②适用对象不同。罚款适用于一般的违法分子和违法的单位；罚金适用于触犯刑律的犯罪分子和犯罪的单位。③适用机关不同。罚款由公安机关和海关、税务、工商行政管理等有关部门依照有关的行政法律规范适用；而罚金只能由人民法院依照刑法的规定适用。

（三）行政拘留

行政拘留又称治安拘留，是公安机关依法对违反行政法律规范的行为人，在短期内限制其人身自由的一种处罚形式。根据《中华人民共和国治安管理处罚法》（以下简称《治安管理处罚法》）及其他法律规范的规定，行政拘留的期限为一日以上十五日以下。除县级以上公安机关外，其他任何行政机关都没有决定行政拘留的权力。行政拘留一般适用于严重违反治安管理法律规范的行为人。

行政拘留不同于刑事拘留和司法拘留。刑事拘留是指公安机关、人民检察院在紧急情况下临时剥夺某些现行犯或者重大嫌疑分子人身自由的一种强制措施。刑事拘留由刑事诉讼法所规定，按司法程序进行。刑事拘留的目的是防止现行犯或重大犯罪嫌疑人逃跑、隐藏、继续进行犯罪活动，或者实施伪造、隐匿、毁灭证据及串供等妨害诉讼的行为，以保障刑事诉讼活动的顺利进行。司法拘留是指人民法院对于严重妨害民事诉讼、行政诉讼活动或者严重违反刑事审判秩序的人所采用的在一定期间内剥夺其人身自由的制裁方法。司法拘留的目的是保证人民法院的诉讼活动顺利进行。行政拘留则是公安机关对于确有行政违法事实的行为人实施的行政处罚方法。因此，三者的适用机关、适用对象和适用的法律依据都是不同的。

（四）没收违法所得、没收非法财物

没收违法所得、没收非法财物是指享有处罚权的行政主体依法将违法行为人的违法所得和非法财物收归国有的处罚形式。所谓违法所得，是指违法行为人通过违法行为而获得的金钱或其他财物，如通过非法经营所获得的钱款。所谓非法财物，是指违法行为人从事违法活动的违法工具、物品和违禁品等，如销售的非法出版物与走私的货物、物品。没收违法所得、没收非法财物，必须按照国家规定公开拍卖或者按照国家有关规定处理，处罚机关不得私分、截留、随意毁损，不得通过非法途径低价处理，或者随意使用。没收违法所得或者没收非法财物拍卖的款项，必须全部上缴国库，任何机关或者个人不得以任何形式截留、私分或者变相私分。

没收违法所得、没收非法财物不同于刑法中的没收财产。两者的区别主要表现在：①性质不同。没收违法所得、没收非法财物是一种行政处罚；没收财产是刑罚。②对象不同。没收违法所得、没收非法财物的对象是赃款、赃物和进行非法活动使用的工具、违禁品等；没收财产只限于犯罪分子的个人财产。③适用的范围不同。没收违法所得、没收非法财物适用于行政违法行为；没收财产主要适用于危害国家安全罪、破坏社会主义市场经济秩序罪与贪污、贿赂罪等严重的犯罪。

（五）责令停产停业

责令停产停业是指行政机关要求违法相对人在一定时期内暂时停止从事某种生产、作业或者经营活动的处罚形式。责令停产停业一般都附有明确的期限，在期限届满之后，即可以恢复生产经营活动；也有的责令停产停业决定附有具体的要求，只有当当事人已经达到要求和标准后，才能够恢复生产经营活动。责令停产停业一般适用于从事非法生产经营活动，已经或可能危害社会公共安全，扰乱社会生活秩序、经济秩序的工商企业或个体工商户。责令停产停业，不是直接限制或者剥夺当事人的财产权，而是暂时不允许其进行生产经营活动，在符合法律、法规或规章所规定的标准或者要求以后，当事人无须重新申请许可证或者营业执照，就可以继续曾被停止的生产经营活动。因此，责令停产停业实际上只是限制当事人的行为能力，并不剥夺当事人的权利和资格。这是责令停产停业与吊销许可证或者营业执照之间的本质区别。

## 第四节　网络直播平台的行政法规制

规制，作为经济学术语，源自西方管理体制，其本质在于政府对经济活动的调节与控制。在我国，规制一词的引入推动了行政法学界对其内涵的深入探讨。在行政法学的语境下，行政规制被视作特定行政主体针对市场主体及其行为所采取的行政活动，这些活动包括但不限于设立规则、制定政策、实施干预措施等。这里的特定行政主体不仅涵盖了行政机关，还扩展至被授权的其他组织以及具有公共事务管理职能的各类机构。具体到网络直播平台的行政法规制，这一概念旨在强调为了促进网络直播行业的健康发展和维护市场秩序，具有规制权限的行政主体（包括行政机关、授权主体以及具有公共事务管理职能的其他组织）依据行政法律法规，对网络直播平台从设立、运营到退出市场的全过程进行规范和引导。

对网络直播平台进行行政法规制，不同于传统的行政法规制，主要体现在以下方面：

第一，在规制目的上，以预防、督促为主。鉴于现代网络平台在公共对话中扮演的核心角色，其影响力已远超传统媒介，因此，不良信息的扩散将产生深远且难以挽回的公共影响。传统的威慑式规制方法，以事后处罚为主，无法有效应对网络平台信息传播的即时性和广泛性。为了维护网络空间的健康生态，预防不良社会影响的产生，并督促网络直播平台积极承担主体责任，成为行政法规制的重要目标。

第二，在规制机制的创新上，行政机关需重新审视与平台的合作关系。行政机关将部分监管责任转交给网络直播平台，是出于对网络直播平台技术优势和直接监管效率的认可。然而，这并不意味着行政机关可以完全放手。相反，行政机关需要更加关注如何在平台内部引导形成科学、合理的规制机制。面对信息滞后、技术挑战和网络直播的复杂性，行政机关需要发挥预见性和超前性，通过行政法手段影响网络直播平台，使其不仅作为商业实体追求经济利益，更能作为负责任的监管者，积极履行其公法上的监管职能。这一过程中，行政机关、网络直播平台和公民三者之间形成了新型的三元主体结构，这是当今世界治理模式转变的缩影。然而，网络直播平台的双重身份，即作为市场主体的逐利性和作为监管者的责任性，给规制机制带来了挑战。因此，行政机关需要持续探索和优化规制策略，确保网络直播平台在追求经济效益的同时，也能积极履行其社会责任，为网络空间的健康有序发展贡献力量。

第三，在规制手段上，在探讨网络直播平台的行政法规制策略时，首先需关注规制手段的更新与融合。随着 Web3.0 时代的到来，传统行政法规制框架已无法完全涵盖网络直播这一新兴领域的内容。为此，行政法需灵活调整其规制策略，更多地采用柔性治理手段，同时结合新出现的规制工具与传统规制手段。这种策略不仅符合网络直播平台经济、社交、信息传播等多重属性的需求，也是对市场经济中多元主体参与、个体活力激发的积极响应。通过柔性手段与刚性手段的结合，行政法能够更好地适应网络直播平台的动态变化，确保规制的有效性和适应性。

第四，在规制的边界上，必须谨慎权衡各方利益。网络直播平台作为市场经济的重要参与者，其运营活动受到竞争机制的影响。竞争能够激发创新活力，但也可能导致机会主义行为和无序局面的出现。因此，行政法规制的目的并非追求绝对的安全和秩序，而是在保障公共利益和个人权益的同时，尊重网络直播平台的市场主体身份。这要求行政法在规制过程中，既要防止无序竞争和机会主义行为，又要确保市场的活力和创新。通过合理的规制边界设定，行政法能够实现公共利益与个人权益、市场秩序与创新活力之间的平衡。

# 第五章　现代劳动合同法理论与实践发展

## 第一节　劳动合同的订立、履行与变更

### 一、劳动合同的订立

劳动合同的订立是指用人单位和劳动者双方为确立劳动关系，根据劳动合同条款达成协议的法律行为。

劳动合同订立的程序就是签订劳动合同必须履行的法律手续。按照合同的基本原则，合同订立的程序有要约和承诺两个阶段。劳动合同虽然是属于经济合同中的一种，但其订立程序与一般的经济合同订立的程序有所不同，劳动合同的被要约方在开始时是不确定的，需要确定被要约方，即确定与用人单位签订劳动合同的劳动者才能完成要约与承诺的全过程。劳动合同的订立一般包括两个阶段：一是确定劳动合同当事人的阶段；二是确定劳动合同内容的阶段。

（一）确定劳动合同当事人的阶段

在此阶段，由用人单位与劳动者通过一定方式相互选择，双方在各自的意愿下都有权选择对自身有利的条件，以此来确定劳动合同的当事人。它一般由用人单位的招工（招聘）行为和劳动者的应招（应聘）行为相结合而构成。

1. 用人单位的招聘途径

用人单位想要找到合适的人才，必须使用多种招聘渠道，只有使用多种招聘渠道，多管齐下才能招聘到用人单位需要的人才。现在用人单位的招聘主要有以下渠道：

（1）人才交流中心。在全国各大城市中，一般都有人才交流服务机构，这些机构常年为企事业单位提供用人服务。他们一般都建有人才资料库，用人单位可以很方便地在资料库中查询条件基本相符的人员资料。

（2）招聘洽谈会。人才交流中心或者其他人才服务机构每年都要举办多场人才招聘洽谈会，在洽谈会中，用人单位和劳动者可以直接进行接洽和交流，节省了用人单位和劳动者的时间，随着人才交流市场的日趋完善，洽谈会呈现出向专业方向发展的趋势。比如有中高级人才洽谈会、应届生双向选择会等。

（3）传统媒体。在传统媒体刊登招聘广告可以减少招聘的工作量，广告刊登后、只需在公司等待应聘者上门即可。在报纸、电视中刊登招聘广告费用较大，但容易体现公司形象。

（4）校园招聘。对于应届毕业生和暑期临时工的招聘可以在校园内直接进行。方式主要有招聘张贴、招聘讲座和毕业分配办公室推荐三种。

（5）员工推荐。员工推荐对招聘专业人才比较有效员工推荐的优点是招聘成本小、应聘人员素质高、可靠性高。

（6）人才猎取。对于高级人才和尖端人才，用传统的渠道往往很难获取，但这类人才对公司的作用却是非常重大的，通过人才猎取的方式可能会更有效。人才猎取需要付出较高的招聘成本，一般委托猎头公司的专业人员进行招聘。

（7）网络招聘。通过网络进行招聘是较新的招聘方式，具有费用低、覆盖面广、时间周期长、联系快捷方便等优点。网络招聘，也被称为电子招聘，是指通过技术手段的运用，帮助企业人事经理完成招聘的过程，即企业通过公司自己的网站、第三方招聘网站等机构，使用简历数据库或搜索引擎等工具来完成招聘过程。网络招聘具有覆盖面广、时效性强且方便快捷、更新速度快等特点。

2. 用人单位的招聘程序

（1）公布招工简章或就业规则。公布的内容包括两个方面：一是招聘录用条件，二是录用后的权利义务。主要涉及招工的工种或岗位、招收的名额、招收对象及条件、招工地区或范围、录用后的工资、福利待遇、劳动保护条件和应遵守的单位规章制度等。从法律角度看，招工简章或就业规则具有要约的法律效力。

（2）自愿报名。劳动者根据招工条件结合自身的志愿爱好，自愿报名。根据《中华人民共和国劳动法》（以下简称《劳动法》）第十五条规定，禁止用人单位招用未满 16 周岁的未成年人。文艺、体育和特种工艺单位招用未满 16 周岁的未成年人，必须遵守国家有关规定，并保障其接受义务教育的权利。符合条件的劳动者自愿报名应招，是对公布内容的一种认可，表明愿意在此基础上与用人单位协商订立劳动合同。

（3）全面考核。用人单位对报名的应招人员可以进行德、智、体全面考核。具体考核内容可以根据生产或工作的性质和需要有所侧重。例如，招收学徒工人，可以侧重文化考核；招收技术工人，可以侧重该工种的技能考核；招收繁重体力劳动者，可以侧重身体素质的考核；招收初级技术工人，考核标准可以稍低；招收高级技术工人，考核标准可以稍高。考核可以采取笔试、面试、心理测验等多种手段，全面考核应招人员的综合素质。

（4）择优录用。用人单位对应招人员进行全面考核后，应严格按照公正、公平的原则进行评判，不得徇私舞弊。对考核结果必须公开张榜，公布择优录用人员，接受群众监督。

（5）备案。《就业服务与就业管理规定》第六十二条第一款中的有关规定，劳动者被用人单位招用的，由用人单位为劳动者办理就业登记。用人单位招用劳动者，应当到当地公共就业服务机构备案，为劳动者办理就业登记手续。用人单位招用人员后，应当于录用之日起三十日内办理登记手续。

（二）确定劳动合同内容的阶段

经过确定劳动合同当事人阶段，劳动合同订立就进入了第二阶段，即确定劳动合同内容的阶段。劳动合同双方当事人共同遵循劳动合同订立的原则，就合同的具体内容，通过协商一致，实现意思表示一致，以确立劳动关系和明确相互权利和义务。此阶段要经过以下程序：

1. 提出劳动合同草案

用人单位向劳动者提出拟订的劳动合同草案，并说明各条款的具体内容和依据。

2. 介绍内部劳动规则

在提出劳动合同草案的同时，用人单位还必须向劳动者详细介绍本单位内部劳动规则。

3. 商定劳动合同内容

用人单位与劳动者在劳动合同草案和内部劳动规则的基础上，对劳动合同条款逐条协商一致后以书面形式确定其具体内容。对劳动合同草案，劳动者可以提出修改和补充意见，并就此与用人单位协商确定。对内部劳动规则，劳动者一般只需要表示接受与否即可，而不能与用人单位协商修改或补充其内容；不过，双方可以在劳动合同中做出不同于内部劳动规则某项内容或者指明不受内部劳动规则某项内容约束而对劳动者更有利的约定。

4. 签名盖章

劳动者与用人单位应当在经过协商一致所形成的劳动合同中签名盖章，以此标志双方意思表示一致的完成。在我国，凡属于不需要签证的劳动合同，在双方当事人签名盖章后即告成立。

5. 签证

在我国，按照国家规定或当事人要求而需要签证的劳动合同，应当将其文本送交合同签订地或履行地的合同签证机构进行签证。凡需要签证的劳动合同，经签证后才可生效。

## 二、劳动合同的履行

劳动合同的履行是指用人单位与劳动者在依法签订劳动合同之后，按照劳动合同规定的条款，履行劳动合同约定的各自义务，实现劳动合同约定的各自权利的行为。劳动合同的履行，在一定程度上即是劳动合同双方当事人所约定的义务的执行，用人单位与劳动者各自执行劳动合同义务的行为即劳动合同的履行。任何劳动合同规定义务的执行，都应算作劳动合同的履行行为；相应地，凡是不执行劳动合同规定义务的行为，都可被认为是劳动合同的不履行。双方当事人履行劳动合同的行为在一般情况下表现的都是当事人的积极行为，无论是用人单位按时足额为劳动者支付工资、购买保险，完善好相应的劳动工作条件，抑或是劳动者严格遵守单位规章制度，认真有质有量地完成好用人单位分配的工作任务。

但在某些特殊情况下，消极的不作为也可能是劳动合同的履行行为，例如，知悉单位商业秘密的有关人员就应该遵守保密约定，不向外泄密或使用；再如，与单位签署竞业限制协议的员工，在获得单位支付的经济补偿的同时就应该在一定期限按约定不再从事相关领域的工作。

劳动合同的履行是整个劳动合同制度中最关键的一环。任何用人单位与劳动者订立劳动合同、建立劳动关系，无外乎是希望实现、达成各自一定的目的，劳动合同的内容最终体现为劳动合同的目的。而劳动合同内容的实现，必须有赖于劳动合同义务的执行。因此，劳动合同的履行是用人单位与劳动者各自劳动合同目的实现的根本条件。在劳动合同所有的制度中，劳动合同的履行无疑是其最中心、最重要的内容；劳动合同的其他有关制度多是为它设计、为它服务，从而真正实现双方订立劳动合同的最初目的。

## 三、劳动合同的变更

劳动合同只要由用人单位与劳动者协商一致，并经双方当事人在劳动合同文本上签字或者盖章生效后，即受法律保护。因劳动合同具有的法律约束力，要求用人单位与劳动者必须严格遵守，认真按约履行，任何一方都不得随意变更劳动合同约定的内容。但是，劳动合同订立后履行过程中，却常常或者出于社会经济、国际政治、生活环境的变化，或者出于当事人自身的某些原因，使得双方当初在订立劳动合同时所依据的相关客观情况有了变化，原来订立的劳动合同中的某些条款与发展变化的情况不能适应，劳动合同在履行中甚至有时会难于履行。如果要继续履行原劳动合同，很可能造成当事人之间权益的不平衡，还很有可能对当事人的合法权益造成损害；而原有的劳动合同也不可能对涉及合同现在以及将来的所有问题都做出明确的规定；因此，这就需要用人单位和劳动者双方适时地对原劳动合同的部分内容进行适当的调整和规定，以变更劳动合同的有关内容；使劳动合同内容能适应主客观变化发展的新需要，从而最终保证劳动合同的继续履行。"处理好劳动关系的变更不仅关系到广大劳动者的合法权益能够得到保障，而且还关系到我国当前及今后的经济发展状况。"①

劳动合同的变更是指劳动合同依法签订后，在合同尚未履行或者尚未履行完毕以前，因订立劳动合同的主客观条件发生变化，经用人单位和劳动者双方当事人协商一致，依据《劳动合同法》等相关法律法规，对原劳动合同内容作部分修改、补充或者删减的法律行为。劳动合同的变更是在原劳动合同基础上进行的相关行为，并非双方当事人签订了新的劳动合同；其仅是原劳动合同的派生，是对双方当事人已存在的劳动权利义务关系的再发展；这样，整个劳动合同就由变更后新达成的变更协议条款与原合同中其他未变更的条款共同构成，并对双方当事人产生法律约束力。对于劳动者而言，变更的原劳动合同主要会涉及工种的变化、职位的变动、所得薪酬的增加或降低、具体工作任务的变多或减少，又或者是工作地点的变动等。

---

① 赵牧晓. 浅析我国劳动合同变更制度 [J]. 法制博览，2017 (27)：180.

## 第二节 劳动合同的解除与终止

### 一、劳动合同的解除

劳动合同解除是指劳动合同订立后，尚未全部履行以前，由于某种原因导致劳动合同一方或双方提前消灭劳动关系的法律行为，分为法定解除和约定解除。劳动合同终止是指劳动合同期限届满或劳动主体依法消灭时，劳动合同依法终结的情形。为了平衡企业与劳动者的利益，建立和发展和谐稳定的劳动关系，我国法律对劳动合同的解除和终止作出了严格的规定和限制。

对《劳动合同法》的正确态度，应当是在新的法律环境下，研究、思考如何更进一步全面规范、改进、完善企业的人力资源管理体系，增强企业的风险控制能力和提高管理水平，强调更专业化、精细化的人力资源管理。

劳动合同解除程序，是指当事人在解除劳动合同时，应当依法办理的手续或者遵循的步骤。劳动合同经双方当事人协商一致可以解除，体现的是民事合同平等自愿的原则。如果合同的解除是一方当事人未经对方当事人的同意单方解除劳动合同，称为单方解除。单方解除劳动合同，分为劳动者单方解除劳动合同和用人单位单方解除劳动合同。法律对用人单位单方解除劳动合同的程序作了明确规定。

用人单位单方解除劳动合同，应当事先将理由通知工会。用人单位违反法律、行政法规规定或者劳动合同约定的，工会有权要求用人单位纠正。用人单位应当研究工会的意见，并将处理结果书面通知工会。这一规定明确了用人单位解除劳动合同的程序，用人单位依据法律、法规的规定解除劳动合同的，应当向劳动者出具解除劳动合同的书面证明，并办理有关手续。

（一）提前书面通知

规定解除合同的预告期，是各国劳动立法的惯例。除了劳动者有过失，用人单位可以随时解除劳动合同之外，我国劳动法律要求用人单位与劳动者解除劳动合同，需提前 30 天以书面形式通知对方。

（二）征求工会意见

我国劳动法律规定，用人单位单方解除劳动合同，应当事先将理由通知工会。用人单位违反法律、行政法规的规定或者劳动合同约定的，工会有权要求用人单位纠正。用人单位应当研究工会的意见，并将处理结果书面通知工会。

劳动合同的重要特点之一，是在劳动合同签订后所形成的劳动关系中，用人单位对劳动者具有管理权和指挥权，并且对违反劳动纪律的劳动者具有惩戒权，劳动者处于明显的弱势地位。为了防止用人单位随意以劳动者违反劳动纪律和规章制度为由单方任意解除劳动合同，法律对用人单位单方解除劳动合同给予严格的限制，以保护劳动者的合法权益不受损害。考虑到用人单位单方解除劳动合同给劳动者切身利益带来的影响，为了平衡用人单位与劳动者的合法权益，劳动合同法规定了工会在用人单位单方解除劳动合同问题上的作用。因为工会是劳动者的代表，用人单位单方解除劳动合同，应当事先将理由通知工会，工会对此有知情权。同时，如果用人单位违反法律、法规或者合同约定，工会有权要求用人单位予以纠正。用人单位应当研究工会的意见，并将处理结果书面通知工会。

（三）根据规定进行经济补偿

"社会生活中，劳动合同的签订与解除，已经成为比较普遍的现象。不过，我国劳动纠纷案件时有发生，解除劳动合同后如何合理选择补偿金与赔偿金，已经成为当前劳动合同解除需要研究的重点问题。"① 经济

---

① 申清平. 解除劳动合同的补偿金与赔偿金如何选择 [J]. 黑龙江人力资源和社会保障，2022，（06）：43.

补偿是用人单位解除和终止劳动合同而给予劳动者的一次性经济补偿金。经济补偿金的标准，主要取决于劳动者在本单位的工作年限和劳动者解除劳动合同前十二个月的平均工资水平。《劳动合同法》扩大了支付经济补偿的范围，并统一了经济补偿的标准。劳动合同解除或终止后，劳动者应当按照双方约定办理工作交接。用人单位依照有关规定应当向劳动者支付经济补偿，在办理工作交接时支付。

（四）为劳动者办理档案转移手续

用人单位与劳动者解除合同后，对劳动者档案转移的劳动争议，《劳动合同法》规定，用人单位应当在解除或者终止劳动合同时出具解除或者终止劳动合同的证明，并在十五日内为劳动者办理档案和社会保险转移手续。《劳动合同法》规定用人单位为劳动者出具解除或者终止劳动合同的证明，是为了方便劳动者寻找新的就业机会，尽快重新就业。为劳动者办理档案和社会保险转移手续，是为了保证劳动者缴纳社会保险费的连贯性，保证劳动者能够及时缴纳社会保险费。用人单位解除或终止劳动合同应当办理的相关手续，包括出具证明、转移社会保险、办理工作交接、支付经济补偿以及保存档案备查。用人单位对已经终止的劳动合同的文本，至少保存两年备查。

## 二、劳动合同的终止

（一）劳动合同终止的条件

劳动合同终止，是指劳动合同期限届满或双方当事人主体资格消失，合同规定的权利义务即行消灭的制度。劳动合同终止，并非双方的积极行为所致，一般是由于合同本身的因素、法律规定或不可抗力所致。劳动合同签订后，双方当事人不得随意终止合同，而应依法终止。

有下列法定情形之一的，劳动合同终止：

第一，劳动合同期满，劳动合同终止。劳动合同期满，是劳动合同终止最常见的情况。劳动合同期限届满，劳动合同的权利义务已经履行完毕，劳动合同的目的已经达到，目标已经实现，劳动合同自然而然终结。这主要是针对有固定期限的劳动合同作出的规定。有固定期限的劳动合同在订立时，当事人双方约定了劳动关系的起始日期和终止时间。合同到期时，劳动关系即告终止。

第二，劳动者开始依法享受基本养老保险待遇。劳动者一旦开始依法享受基本养老保险待遇，便不具备签订劳动合同的主体资格，劳动合同也就无法继续履行。因此，法律规定，劳动者已开始依法享受基本养老保险待遇的，劳动合同终止。

第三，劳动者死亡，或者被人民法院宣告死亡或者宣告失踪。当劳动者死亡，或者被人民法院宣告死亡或者宣告失踪时，劳动关系的一方当事人已经不存在，劳动合同的履行已经不可能，因此产生终止劳动合同的法律后果。

第四，用人单位被依法宣告破产，用人单位被吊销营业执照、责令关闭、撤销或者用人单位决定提前解散合同履行最基本的条件，是当事人双方具备履行合同的资格和能力。用人单位破产，主体资格就不存在了，劳动关系的一方当事人已经没有履行劳动合同的能力，劳动合同的履行已经成为不可能，因此也产生劳动合同终止的法律后果。因此，即使劳动合同未到期，合同也自然终止。用人单位被法定撤销、关闭、解散，或者被吊销营业执照，用人单位不能作为劳动关系的主体继续存在，所以劳动合同终止。

第五，劳动者达到法定退休年龄，劳动合同即行终止。劳动者达到法定退休年龄，无论劳动合同的期限是否届满，都会产生劳动合同终止的法律后果。只有达到法定退休年龄的劳动者才能够办理退休手续，领取基本养老保险。根据我国现行法律、法规的规定，劳动者开始享受基本养老保险的条件是，养老保险缴费年限（含视同缴费年限）累计满十五年，且达到法定退休年龄的劳动者。

第六，法律、行政法规规定的其他情形。法律、行政法规规定的其他情形是指除《劳动合同法》规定的情形以外，其他法律、法规对劳动合同终止的情形作出规定的，劳动合同可以依照其规定终止。

（二）劳动合同终止的限制性规定

虽然劳动法律已规定，劳动合同期满，劳动合同即行终止，但对于一些特定的劳动者，为保护其权益，又对劳动合同终止作了限制性的规定。其中包括从事接触职业病危害作业的劳动者未进行离岗前职业健康检查，或者疑似职业病病人在诊断或者医学观察期间的；在本单位患职业病或者因工负伤并被确认丧失或者部分丧失劳动能力的，应按照国家有关工伤保险的规定执行；劳动者患病或者非因工负伤，在规定的医疗期内的；女职工在孕期、产期、哺乳期的；劳动者在本单位连续工作满十五年，且距法定退休年龄不足五年的等。劳动者属于上述情形，即使劳动合同期满，也不能立刻终止劳动合同，而应当续延至相应的情形消失时终止。

对于丧失或者部分丧失劳动能力劳动者的劳动合同的终止，按照国家有关工伤保险的规定执行。工伤保险，是指劳动者在生产劳动和其他工作过程中遭受意外事故或因长期接触有毒有害物质而使人身受到损害，导致全部或部分丧失劳动能力时，对劳动者提供相应保障的社会保险。国务院颁布的工伤保险条例规定，职工发生工伤，经治疗伤情相对稳定后存在残疾、影响劳动能力的，应当进行劳动能力鉴定。劳动能力鉴定是指劳动功能障碍程度和生活自理障碍程度的等级鉴定。劳动功能障碍分为十个伤残等级。

对于丧失或部分丧失劳动能力的劳动者，其合同期满时，劳动关系和相关待遇按如下规定处理：

第一，职工因工致残被鉴定为一级至四级伤残的，保留劳动关系，退出工作岗位，享受待遇包括：①从工伤保险基金中按伤残等级支付一次性伤残补助金；②从工伤保险基金中按月支付伤残津贴；③工伤职工达到退休年龄并办理退休手续后，停发伤残津贴，享受基本养老保险待遇。基本养老保险待遇低于伤残津贴的，由工伤保险基金补足差额。职工的基本医疗保险费，由用人单位和职工个人以伤残津贴为基数缴纳。

第二，职工因工致残被鉴定为五级、六级伤残的，享受待遇包括：

①从工伤保险基金中按伤残等级支付一次性伤残补助金；②保留与用人单位的劳动关系，由用人单位安排适当的工作。难以安排工作的，由用人单位按月发给伤残津贴，并由用人单位按规定为其缴纳应缴纳的各项社会保险费。伤残津贴实际金额低于当地最低工资标准的，由用人单位补足差额。经工伤职工本人提出，该职工可以与用人单位解除或者终止劳动关系，由用人单位支付一次性工伤医疗补助金和伤残就业补助金。补助金的具体标准由省、自治区、直辖市人民政府规定。

第三，职工因工致残被鉴定为七级至十级伤残的，享受待遇包括：①从工伤保险基金中按伤残等级支付一次性伤残补助金；②劳动合同期满终止合同，或者职工本人提出解除劳动合同的，由用人单位支付一次性工伤医疗补助金和伤残就业补助金。补助金的具体标准由省、自治区、直辖市人民政府规定。

## 第三节　劳动合同承继后劳动者的权益保护

### 一、确立工作年限合并计算规则

#### （一）在劳动基准法中添加工作年限的相关规定

虽然目前我国在《劳动合同法实施条例》的第九条、第十条，《劳动法司法解释（四）》第五条，分别对工作年限和其计算方式进行了规定和细化。然而，《劳动合同法实施条例》是一项行政法规，《劳动法司法解释（四）》则是一项司法解释，其法律效力显得过于低阶。结合我国《劳动基准法》正在制定过程中，笔者认为除了增加讨论较多的对于个人信息保护、工作时间的计算等，有必要在我国的《劳动基准法》中增加对于工作年限的保护，将工作年限以及工作年限的合并计算规则作为一般性规定融入进正在制定的《劳动基准法》的相关法规中。同时，我国正在制定的《劳动基准法》也应当将工作年限的适用范围做进一步扩展，不能仅限于目前《劳动合同法实施条例》第十条和《劳动法司法解释（四）》第五条所述的经济赔偿制度中，因为工作年限不仅仅和经济赔偿或经济补偿息息相关，它还涉及到劳动者的劳动就业权、解雇保护权、休息休假权等。因此，可以在正在制定的《劳动基准法》中加入一条在并购中工作年限计算的相关法律，即如果劳动合同发生承继，劳动者在原单位的工作年限应合并为其在新的用人单位工作年限。

（二）明确企业重新聘用劳动者工作年限的计算规则

实务上，司法裁判部门对新用人单位与被并购劳动者的工作年限结清，再雇佣的方法，大多持积极态度。合同的自由和鼓励交易是其法理依据。但事实上，劳动者与雇主之间并不存在权力对等的合约关系。劳动者在并购过程中，为保住工作而做出的承诺，是否出于"真实意思"，这是一个疑问。本文认为，从劳动法本身的公法属性出发，不能以民法原则中"契约自由"当成劳资双方对于使用经济赔偿结清工作年限的许可。所以，应明确对《劳动合同法实施条例》第十条中的两款规定做统一的整体理解。也就是，关于工作年限的基本规则是合并计算，但在涉及到经济补偿金时，如原用人单位已根据劳动者的工作年限向其发放经济补偿金，则并购企业今后再计算时，不应再计算已发放补偿的工作年限。此处所称"不再计算"，只是指在计算经济补偿金时从已有的工作年限中扣减该部分，而不包含与工作年限相关的其他劳动权益。即劳动者在与新雇主订立无固定期限劳动合同、确定工资绩效薪酬水平、计算病假事假年假等休假权时，应该同时计算其原工作年限。

（三）明确对于事实劳动关系中的工作年限计算

在用人单位发生变更时，我们还应注意到事实劳动关系对工作年限的影响。我国的劳动立法对事实劳动关系作出了明确的规定，其特征是不以书面劳动合同为依据。而劳动合同的承继规定在《劳动合同法》中，这就使得在实践中，在确定事实劳动关系时，劳资双方和审判法庭常常对此的认定不一，如郑志会与河北永乐胶带有限公司劳动合同纠纷上诉案中一审法院与二审法院的裁判观点就不一致。《劳动合同法》中，应将事实劳动关系纳入到劳动合同承继的范畴，而事实劳动关系不能成为新雇主拒绝承继的原因，应在承继时确定对事实劳动者的工作年限合并计算规则。尽管《劳动法司法解释（四）》第五条第二款规定了五种"非因本人原因"可以将工作年限合并计算的情形，对于用人单位主张的"非事实"的工作时间，劳动者可以不提供相反证据，但劳动者仍然需要证明这一条款中的基本事实。所以，当劳动者遭遇并购时，要特别留意相关的安置公告、书面调职调令等书面文件。

## 二、完善劳动合同变更的相关规定

### （一）限制用人单位的人事调整权范围

在我国，并购企业的人事调整权虽然已经在《劳动法执行意见》第十三条中予以明确，但《劳动法》第十七条第一款同时也强调了中关于劳动合同变更所必须遵循的平等、自愿和协商一致的原则。可见，在并购中，凡是涉及到劳动条件变化的，都应当由劳资双方决定，未经双方同意，不能更改其内容。所以本文认为并购中，新用人单位的人事调整权只存在原劳动合同的预定范围内，即单位的人事调整权不应该造成劳动合同的改变。但事实情况远比法律条款复杂，如果在原来的劳动合同中，有许多关于工作岗位的规定是模棱两可的，甚至是非常笼统的，那就应该将员工的"预定范围"，认定为员工在试用期结束之后所从事的工作岗位。除此之外，对于原劳动合同中概括授权条款（如"劳动者有义务服从企业工作安排"等），因为该类条款完全剥夺了劳动者与企业方"协商一致"的权利，彻底免除了企业解雇、变相解雇劳动者时的赔偿责任，也不得作为企业人事调整权的依据。因此，只有限缩用人单位的人事调整权范围，才能有效保护并购后劳动者的合法权益不受侵害。除了借助劳动立法来规范企业的人事调整权，我们还可以在《公司法》《证券法》等企业并购类法律法规中明确对于并购方企业劳动者权益保护适用劳动法的相关规定。

（二）增加禁止不利益变更的强制性规定

在并购完成后，企业因并购而产生的组织结构变化，致使企业不可避免地要进行部门间的重组，以适应新的经营状况。在许多情形下，在企业并购过程中，劳动合同的变更，看似是按照合同自由的原理，和雇员进行了协商，并签订了一份变更合同。但事实上，这仍然是利用雇主在经济上的优势，和雇员想要保住工作的急迫心理，强迫雇员同意企业预先准备好的劳动合同。因此，一味地强调双方的主观公平，可能并不客观。因此，应当在现有法律中增加禁止不利益变更的强制性规定。需要明确的是，在劳动合同发生转移时，以下的变更应属于无效：①仅以并购的事实为基础；②虽以并购为基础但并非经济上、技术上，或组织上的原因引起的合理的劳工调整。若并购将使劳动者的工作环境发生重大变化，或对被转让的劳动者造成实质性的伤害，那么，该劳动者的劳动合同已经可以被认定是由其所在的企业所解除，劳动者有权向其提出索赔。劳动者的劳动合同可以被认为是被用人单位解除的，劳动者可以要求该用人单位承担相应的雇主责任。

具体而言，关于工作场所变动的问题，如果合同所规定的只是一个城市的工作场所，或者合同中没有约定，但实际工作地点在一个城市，那么该单位劳动合同履行地就应只限于本市。若用人单位迫使劳动者改变工作地市，应属于给劳动者造成了实质性影响，若用人单位仅在本市范围内对劳动者工作地进行调整的，并由雇主提供如班车、交通补贴等适当补偿的，应当属于没有给劳动者造成实质性影响的范围；关于工作岗位和职位调整的问题，要对劳动者在新岗位和原来岗位之间所需要的专业能力的匹配程度进行全面的考量。对于相同类别的岗位调整，应该属于未造成实质性影响的范畴。但是，如果做出了与劳动者的专业和技能不一致的工作岗位调整，就应该认定为给劳动者造成了重大影响；关于工资绩效调整的问题，应当保证与原来的岗位工资范围大致相同，如果对计时工资与计件工资的计算方法进行了调整，则应当保证职工的收入水平不会出现明显的降低。

在禁止不利益变更的具体执行时间方面，我们可以参考德国法关于"一年内不能对劳动者做出任何不利改变"的规定，这样既可以保证劳动者的权益不受侵害，也可以给用人单位一个合理的涉及组织架构调整的缓冲时间。在此期间，如果公司做出了对于劳动者劳动合同的不利改变，同时劳动者以明示或默示的行为拒绝过该劳动合同的改变，那么就应该认定该劳动者没有过错，是用人单位单方面解除了劳动合同，用人单位应当给予劳动者适当的经济补偿。

（三）细化劳动合同变更的程序性规定

目前，我国的法律规定仅对企业并购时，劳动合同是否会产生概括承继这一问题做了一个简单的解释，没有对劳资双方的意思自治及相应的程序性规则进行充分的考虑。因此，在实践中对于劳动合同的变更应执行严格的确认程序。具体而言，并购后可能发生三种情况：①原劳动条件存在，那么单位就必须执行原劳动合同，不能超过人事调整权范围改变劳动者的工作，更不能造成对劳动者的实质性影响；②原劳动条件如果不得不发生变化，如在劳动报酬、工作时间、休假等方面需要改变的，应当尊重劳动者的意愿，并经双方同意，以书面方式改变劳动合同；如经双方协商无法达成协议，则应按照原有的劳动合同执行；③如果因为企业并购，造成了岗位不存在，而造成的合同履行无法进行的情形，如果不能通过变更来解决，企业就必须向劳动者提供一定的经济补偿。这三种情况应该是并列的实施程序。除此之外，由于劳动者只有在并购结束后才知道自己的劳动合同是否发生了实质性的变更，相对于在并购开始时或进行中赋予劳动者异议权，更应该在劳动合同承继后赋予劳动者二次选择的权利。这样针对新用人单位作出的不利变更，劳动者就可以参考自己以前的工作环境，与新的雇主解除劳动合同，并获得经济补偿。

### 三、完善我国解雇保护的适用

（一）限制"客观情况发生重大变化"的适用范围

公司并购中，用人单位常常会以并购导致"劳动合同订立时所依据的客观情况发生重大变化"为由，提前预告解除劳动合同。但笔者认为，虽然企业并购本身有很大的可能会产生"客观情况发生重大变化"，从而导致原劳动合同履行不能，但，"客观情况发生重大变化"条款并不完全等同于"合同法"中的情势变更原则。根据《合同法》，情事变更是指该客观条件发生的重大变化，和双方当事人没有因果关系，但却导致了原劳动合同无法履行。而比较公司并购行为本身，即使该行为是在劳动合同订立时无法预见，但是它的发生是以用人单位的商业决策为基础的，它属于因为用人单位一方的原因而导致的合同履行环境的变化。由于用人单位经营不善，或者经营策略、企业规模发生变化，而造成的企业并购，其目标是为了转移经营风险，因此，所造成的不利后果，应当由并购双方来承担，而不应该由被并购企业的劳动者来承担。同时，在此过程中，雇主的法律人格发生变化，并不一定会造成雇主不能履行原劳动合同的后果。因此，对于《劳动合同法》第四十条第三款"客观情况发生重大变化"的适用，应对其进行严格的限制，应当交由劳动仲裁司法机关来决定是否符合"合同法"中的情势变更。与此同时，还应该明确，雇主仅基于公司并购的事实本身，或者主要基于公司并购的事实本身，单方面对劳动合同实施的变更或解除，均属无效。用人单位应为其违反法律规定的雇佣行为和违反劳动合同的行为负责。

（二）增加拟制解雇的相关规定

在公司并购过程中，为了能够低成本地裁员，很多公司都会把打算裁掉的劳动者，安置在一个工作环境都比较恶劣，工作比较辛苦，也不够体面的工作，迫使劳动者不愿或不能继续留在这个工作岗位上，而选择自动离职。公司以此种方式就可以避免支付对其进行经济补偿或经济赔偿。而拟制解雇就是一种能够有效地抑制这种以合法的方式掩饰非法目的的隐性侵权行为的有效手段，它能够给由于雇主的种种不正当的行为和影响力而选择主动辞职的员工带来法律上的保护。因此，我们应该在立法中增加对于"拟制解雇"的相关规定，并明确其判断标准。

在制度的建立上，我国可效仿德国《民法典》，在《劳动合同法》中进行规定，"企业在发生合并、分立等变动后，不能对承继而来的劳动者进行解雇，除非其不再具有继续留用的任何可能性"。如果劳动者还具有继续工作的可能性，或者当企业实施了诸如培训等可能提高劳动者工作能力的手段后，劳动者又具有了可继续工作的可能性，那么用人单位就不能对其实施解雇，不然将被视为无理解雇。在"拟制解雇"的认定方面，可以借鉴英国的"合同标准"，也就是确定员工的辞职是否是因为用人单位改变劳动合同而使其权益受到了侵害。也就是，该不正当行为必须已经对劳动者权益造成了实质上的损害。这里所说的"实质性"，就是与雇佣关系紧密相连的一些关键因素，例如工资绩效、工作环境、工作安全等等。所以，当用人单位实施了某种行为损害了这些因素，应当被认为是构成了对于劳动者实质上的损害。这里所说的"损害"，不仅是对劳动者的物质权益的损害，还应当是对其职业发展、人格尊严和工作体面的损害。雇主的作为或者其影响，会不会给雇员的实体权益带来损害，则需要通过劳动仲裁的司法机关，结合案件的具体情况来判断。在对雇主的行为进行具体认定时，应当注意对其本质的把握，而非对雇主行为的形式进行审查。如果在并购的过程中，用人单位对劳动者进行了人格歧视或者恶意贬低劳动者人格，再或者安排了异常繁重的工作等，导致一般劳动者在相同的情况下，都会选择离职，那么就应该认定用人单位实行了拟制解雇。

（三）明确用人单位对于劳动者被迫辞职的赔偿方式

在拟制解雇制度下，对于劳动者的被迫辞职，用人单位履行赔偿责任的方式也需要进一步明确。从《劳动法》第三十二条第二项、第三项，《劳动合同法》第三十八条，《劳动法司法解释》第十五条的规定来看，劳动者不但可以单方面随时解除劳动合同，而且还可以请求雇主给予一定的经济补偿，乃至赔偿。当用人单位以欺诈或胁迫的方式与劳动者签订劳动合同，不按照合同条款提供劳动者必要的工作场所和工作条件，不按时向劳动者支付工资奖金，造成与劳动者签订的劳动合同不能完全履行或履行不能，属于用人单位一方的根本违约。在这种情况下，劳动者可以依法行使合同解除权和损害赔偿请求权。按照《劳动合同法》第三十八条所规定的情形，劳动者可以要求解除劳动关系并有权获得经济补偿金；而按照《劳动合同法》第四十八条以及第八十七条，如果用人单位违法解除劳动者劳动合同，劳动者要求继续履行的，用人单位应当继续履行；劳动者不要求继续履行的，用人单位要按照规定的经济补偿标准的二倍向劳动者支付赔偿金。从上述条款可以看到，在经济赔偿方面，劳动者被迫离职和被非法辞退之间还是有很大的区别。因此，虽然《劳动法司法解释》第十五条确定了，由于雇主的不当行为或者对其造成的影响而导致劳动者离职，其产生的法律效果与被企业解雇时相同。但是，该规则是一种裁判准则，而不是一种行为准则；它不是事先的预防，而是事后的补救；它是一种消极的惩罚，而非激励性的保护。因此，应当尽早修改《劳动合同法》第四十八条，对这种情况下劳动者的补偿权进行明确。

## 第四节　数字时代电子劳动合同的订立及风险防范

### 一、电子劳动合同的订立

#### （一）电子劳动合同订立的一般规则

电子劳动合同本质依然是劳动合同，应当适用劳动合同的一般规则。电子劳动合同是劳动合同当事人意思表示的电子化形式，依然应当适用意思表示的一般规则。电子合同与其他形式之合同并不存在区别，法律对电子合同的处理不存在任何怀疑，电子合同纠纷的案例酷似口头合同和书面合同纠纷的案例，纠纷处理规则毫无差异，电子合同一般不需要被特殊处理，电子意思表示的归责、代理、责任适用意思表示的一般规则，存在很少的例外和特殊性。在电子劳动合同中的电子意思表示并不完全等同于传统的意思表示，在成立、传达、解释、错误等方面存在特殊性，同时劳动合同领域内的电子意思表示规则也要受到劳动法、劳动合同法立法目的的指引。

（二）电子劳动合同订立的特殊规则

1. 电子意思表示的合意：电子要约与电子承诺

如果当事人约定采取电子形式，而且做出了与书面形式同等法律效力之电子签名，则经过当事人要约与承诺，电子合同可以成立。电子劳动合同系劳动合同当事人以电子方式发出要约并做出承诺而订立合同，该电子化的意思表示适用意思表示的基本原理和一般规则。由于劳动合同当事人的意思表示采取了电子化之形式，因此应当符合电子交易之习惯，应当按照现代电子交易之客观规范和具体交易规则来判断电子意思表示的可归责问题。

电子劳动合同当事人以电子形式完成内容具体明确之要约，表明受约束之意思，并以电子形式向受要约人发出，则为要约之发出，而该要约达到受要约人能以电子形式支配之领域或范围（如数据电文的特定系统），同时需要考虑受要约人知悉的可能性，则为要约之到达。由于电子形式与电子技术、网络信息技术息息相关，电子要约的发出与到达应当结合劳动合同当事人基于电子形式的支配力以及受领人知悉的可能性进行具体考察。

电子要约之发出表明该要约脱离要约人以电子形式所支配之范围，电子要约之到达表明该要约进入受要约人以电子形式可支配之范围。承诺的发出与到达规则与要约一致。在对意思表示的理解发生争议时，由于电子劳动合同意思表示属于有受领人之意思表示，因此应当以受领人之客观视角展开规范解释，此时需要考虑受领人所处之电子交易领域的客观交易规则、交易习惯，同时还需要考虑劳动者权益的特殊保护。劳动合同当事人在享受电子形式便利的同时，需要承担电子形式所带来的风险。

2.电子意思表示的确认：电子签名

电子形式的核心是有效的电子签名。电子签名是指数据电文中以电子形式所含、所附用于识别签名人身份并表明签名人认可其中内容的数据。电子签名是通过计算机系统得到的一组数据，一种加密的信息，必须借助计算机的解密系统进行鉴别，电子签名不需要当事人出现在交易现场，其主要包括以下类型：

（1）生理特征签名，包括人脸、指纹、声波纹、视网膜结构、脑波等生理特征作为辨识使用者之工具的签名。

（2）电子化签名，将手写签名与数字化技术结合。

（3）数字签名，一种应用非对称密码系统对讯息运作产生的转换体，仅仅是一组单位元，是一堆乱码所组成的电磁记录。电子签名往往需要认证，认证是指特定的机构通过一定的方法对签名者及其所做的电子签名的真实性进行验证的过程。电子签名可以发挥与纸面签名同样的功能和作用。由于电子签名技术的技术中立，适应了签名技术的现代发展。当电子数据文档被打印出来时，同样可以发挥物理文档的证明作用。

采取电子劳动合同，最核心的环节就是劳动合同的电子签名。意思表示形式以附加有效的电子签名为前提。劳动合同当事人通过电子签名，明确做出意思表示，并明确劳动合同之内容。鉴于电子劳动合同具有一定的人身色彩和信任关系，电子劳动合同中劳动者的电子签名应采取生理特征签名，以劳动者人脸、指纹、声波、虹膜等作为辨识签名的特征。

采用电子形式订立劳动合同，应当使用符合电子签名法等法律法规规定的可视为书面形式的数据电文和可靠的电子签名。用人单位应保证电子劳动合同的生成、传递、储存等满足电子签名法等法律法规规定的要求，确保其完整、准确、不被篡改。但是，关于电子签名的法律责任不仅仅是一个生物特征的判断，而是法律程序上的归责判断，以意思表示的归责理论为基础。

### 3. 电子意思表示的代理：电子代理人

电子代理人是指不需要人的审查或操作，而能用于独立发出，回应电子记录，以及部分或全部履行合同的计算机程序、电子的或其他自动化手段。其实，电子代理人是电子设施，是一种特殊的电子程序或电子手段，只是发挥了类似于代理人的功能和作用。电子代理人显然是人工智能时代的典型表现，电子设施智能化了，能够像代理人那样与第三人订立合同。但是电子代理人毕竟是电子设施，而并非人，依据意思表示的归责原理，其法律效果直接归属于控制该电子代理人的主体。电子代理人有些类似于自动售货机，通过人机互动，直接完成交易。

劳动合同当然可以通过电子代理人来完成缔约，用人单位可以通过电子代理人发出要约，劳动者可以以电子形式向电子代理人做出承诺，以此与用人单位订立电子劳动合同，但前提是该电子代理人能正常运行，且用人单位确实提供了相应的工作职位。为保护劳动者信赖利益，用人单位选择使用电子代理人，在享受其利益的同时，应当承担其风险，即电子代理人之错误可归属给用人单位。因此，在电子代理人运行出现错误，而劳动者对此系善意时，只要劳动者做出承诺，劳动合同依然可以成立。

## 二、电子劳动合同订立的风险

### （一）电子意思表示的传达风险

电子劳动合同的意思表示通过电子形式传达和处理，而且往往通过第三方电子劳动合同服务平台进行。由于用人单位负有订立书面形式劳动合同之法定义务，用人单位可以委托第三方电子劳动合同服务平台提供电子签约服务，电子签约服务商可作为用人单位和劳动者的使者传递电子意思表示。基于意思表示归责标准的控制原则和风险原则，由于用人单位委托第三方电子劳动合同服务平台提供签约服务，因此合同双方当事人电子意思表示传达迟延、错误和失败的风险可归责于用人单位。从劳动者权益保护角度来分析，不能因为使用电子劳动合同，而恶化劳动者的权利状况，损害劳动者权益。用人单位使用了第三方服务平台，享有了该平台带来的利益和优势（减少人力成本、扩大经营领域、提高经营效率），同时也需要承担该平台引发的风险和责任。

如果第三方电子劳动合同服务平台故意篡改并讹传用人单位的电子意思表示，该意思表示是否可归属于用人单位。但是，使者故意错误传达表意人之意思表示的风险不可归责于表意人，表意人无须对故意误传之意思表示担责。但是，基于意思表示归责的控制原则，该意思表示可归责于表意人。表意人应对使者的传达错误之风险负责，表意人对使者负有挑选、检查和监督的义务，表意人必须对使者传达之错误负责，这些都属于表意人的控制领域。因此，即使第三方电子劳动合同服务平台故意误传劳动合同当事人的意思表示，该意思表示之法律效果依然可归责于用人单位。

为规避电子意思表示的传达风险，尤其是规避第三方电子劳动合同服务平台故意误传当事人意思表示的风险，用人单位可在委托合同中与该电子签约服务商约定追偿条款，同时可以办理电子劳动合同服务平台责任险，通过保险的方式将用人单位承担的服务平台风险责任转移由保险公司分担。

（二）电子意思表示的内容风险：电子格式条款

在电子劳动合同中，用人单位提供电子格式条款的情形非常普遍，此时需要注意三个问题：①提示和说明问题；②效力问题；③解释问题。

1. 电子格式条款的提示和说明

用人单位采取电子格式劳动合同订立劳动合同的，应当向劳动者提示免责条款和对劳动者有重大利害关系的条款，并按照劳动者的要求，对该条款予以说明。否则，劳动者可主张该条款不成为劳动合同的内容。据此，针对电子格式劳动合同中的免责条款和重大利害关系条款，用人单位负有对劳动者的提示和说明义务。如关于劳动者工资薪酬、工作时间工作地点、职业安全卫生、休息休假、福利津贴等利害关系条款，用人单位应当向劳动者提示，并按照劳动者的要求，对该条款予以具体说明。否则，劳动者可主张该条款不成为劳动合同之内容，该条款不产生合同上的约束力。

为规避未及时提示和说明的风险，用人单位可委托第三方电子劳动合同服务平台在电子劳动合同订立过程中设置劳动合同利害关系条款的提示和说明程序，充分履行用人单位对劳动者承担的提示和说明义务。

2. 电子格式条款的无效

用人单位提供的格式条款中有不合理地免除或者减轻其责任、加重劳动者责任、限制劳动者主要权利的条款是无效的。用人单位提供格式条款中排除劳动者主要权利条款也是无效的。如电子劳动合同中"工伤概不负责""社会保险缴纳自理"的格式条款是无效的。

3. 电子格式条款的解释

意思表示的解释意味着表示内容的归责。意思表示的归责理论认为，可归责的表示内容是指能够而且应当按照受领人的理解来确定表示的内容。可归责性表明，意思表示内容的解释不取决于表意人的内心真意或者是受领人的主观理解，而是双方理解的客观可能性，需要考虑具体的语境和当事人理解的可能性，同时需要考虑诚信原则。因此，当电子劳动合同当事人对电子劳动合同的格式条款的理解发生争议时，应当按照通常之客观理解予以解释。对格式条款有两种以上解释的，基于格式条款提供方的优势地位，同时考虑劳动者权益的保护，应当做出对用人单位的不利解释。

（三）电子意思表示的错误风险

电子错误即电子意思表示错误，是指电子合同当事人在做出电子意思表示时发生的错误，按照意思表示错误理论，该错误可以分为动机错误、内容错误、表示错误、传达错误等。电子错误类型可以涵盖意思表示的所有错误类型，电子错误依然可以适用意思表示错误的一般规则，但是基于劳动合同法的立法目的，对于用人单位与劳动者可适用不同的规则。

1. 用人单位的电子错误

基于劳动合同法之立法目的，用人单位的电子错误一般不予考虑，即用人单位基于其电子错误做出的电子意思表示一般不能撤销，以保护劳动者的信赖利益。但是，如果用人单位证明其尽到了善意管理人之注意义务依然不能避免该错误的发生或者证明劳动者存在恶意（明知该错误之存在），则用人单位可依法撤销其错误的意思表示，但需要对善意劳动者承担信赖利益的损害赔偿责任。

2. 劳动者的电子错误

劳动者的电子错误一般应予考虑，即劳动者可依法撤销其错误的电子意思表示，除非劳动者对该电子错误发生存在故意。如劳动者主张撤销，其对用人单位信赖利益之赔偿范围也应有一定限制，不能超过用人单位因劳动合同履行可以获得的利益，同时还需要考虑劳动者的财产状况和赔偿能力。

（四）电子劳动合同的信息风险

劳动合同电子化意味着，劳动合同更容易被传播，更容易被利用。电子劳动合同系统的建设，意味着第三方电子劳动合同服务平台、国家有关机关工作人员可以获取、查询该劳动合同，劳动合同中涉及劳动者的个人信息、职位信息、薪资待遇等容易被第三人知悉。与此同时，劳动合同中涉及的用人单位的信息和资料等也容易被第三人获取，其中很多可能会涉及用人单位的商业秘密。在某种程度上，电子劳动合同会加大劳动者个人信息和用人单位商业秘密泄露和传播的风险。因此，电子劳动合同的信息保护主要涉及劳动者的个人信息保护和用人单位的商业秘密保护。

1. 劳动者的个人信息保护

劳动者的个人信息是以电子或者其他方式记录的能够单独或者与其他信息结合识别特定劳动者的各种信息，包括劳动者的姓名、出生日期、身份证件号码、生物识别信息、住址、电话号码、电子邮箱、健康信息、行踪信息、通信记录、网页浏览记录等。劳动者个人信息中的私密信息可通过隐私权的规则获得保护，其他信息可以通过个人信息保护的规则获得保护。

用人单位和第三方服务平台不能非法处理劳动者的个人信息，处理包括个人信息的收集、存储、使用、加工、传输、提供、公开等。用人单位和第三方服务平台不得泄露或者篡改其收集、存储的劳动者的个人信息；未经劳动者同意，不得向他人非法提供其劳动者的个人信息。用人单位和第三方服务平台应当采取技术措施和其他必要措施，确保劳动者的个人信息安全，发生或者可能发生劳动者的个人信息泄露、篡改、丢失的，应当及时采取补救措施并应当承担相应的损害赔偿责任。

2. 用人单位的商业秘密保护

用人单位的商业秘密，是指不为公众所知悉、具有商业价值并经用人单位采取相应保密措施的技术信息和经营信息。劳动合同的电子化使得劳动合同的传播速度更快，传播范围更广，为保护用人单位的商业秘密，劳动者和第三方服务平台不得违反保密约定擅自将电子劳动合同中涉及用人单位的商业秘密信息公开传播，否则应当承担相应的法律责任。

为防范用人单位的经营信息和技术信息被擅自披露、传播和使用的风险，用人单位订立电子劳动合同时，可针对合同中涉及用人单位经营信息和技术信息的相关条款明确约定劳动者的保密义务，以明确该信息属于用人单位的商业秘密，并明确约定劳动者的保密义务以及相应的损害赔偿责任。用人单位在与第三方服务平台订立委托合同时，可约定该服务平台的保密义务以及相应的违约责任。

# 第六章 现代知识产权法理论与实践发展

## 第一节 商标法与注册商标专用权

### 一、商标与注册商标

"在人类社会发展中，商标出现的时间较早，即在商标法出现之前就普遍存在于人类社会活动中，随着社会的快速发展尤其是经济贸易的繁荣，为了更好地规制与商标有关的纠纷及提高社会生产的效率，才有了商标法的出现，这一点与道路交通等法规类似。因此，需要探究商标最原始的功能，才能明晰商标的本质。"[①] 商标就是通常所说的"牌子"，是商品的标记。它是使一个特定企业的商品或服务得以同其他企业的商品或服务区别的标志，是用于商品或服务上的一种特定的标记，消费者凭之可以标识或者确认该商品的生产者或服务的提供者。因此，商标的本质作用是区别商品的来源，区别性是商标的一项基本功能或称本质特征。

经商标局核准注册的商标为注册商标，包括商品商标、服务商标和集体商标、证明商标。

集体商标，是指以团体、协会或者其他组织名义注册，供该组织成

---

① 李宗志. 商标法中商标使用的体系化探究 [J]. 经营与管理，2.

员在商事活动中使用，以表明使用者在该组织中的成员资格的标志。

证明商标，是指由对某种商品或者服务具有监督能力的组织所控制，而由该组织以外的单位或者个人使用于其商品或者服务，用以证明该商品或者服务的原产地、原料、制造方法、质量或者其他特定品质的标志。

商标注册人享有商标专用权，受法律保护。使用注册商标，可以在商品、商品包装、说明书或者其他附着物上标明"注册商标"或者注册标记。使用注册标记，应当标注在商标的右上角或者右下角。

**二、注册商标的申请**

（一）商标管理的机关

《中华人民共和国商标法》（以下简称《商标法》）第二条规定，国务院工商行政管理部门商标局主管全国商标注册和管理的工作。国务院工商行政管理部门设立商标评审委员会，负责处理商标争议事宜。

（二）商标注册的条件

1. 申请人的资格

自然人、法人或者其他组织在生产经营活动中，对其商品或者服务需要取得商标专用权的，应当向商标局申请商标注册。

2. 商标须具备的条件

（1）商标必须具备法定的构成要素。任何能够将自然人、法人或者其他组织的商品与他人的商品区别开的标志，包括文字、图形、字母、数字、三维标志、颜色组合和声音等，以及上述要素的组合，均可以作为商标申请注册。

（2）商标必须具备显著特征。商标的显著性特征可以通过两种途径获得：一是标志本身固有的显著特征，如立意新颖、设计独特；二是通过使用获得显著特征。

（3）商标必须不是禁止使用或者禁止注册的标志。下列标志不得作为商标使用：

第一，同中华人民共和国的国家名称、国旗、国徽、国歌、军旗、军徽、军歌、勋章等相同或者近似的，以及同中央国家机关的名称、标志、所在地特定地点的名称或者标志性建筑物的名称、图形相同的。

第二，同外国的国家名称、国旗、国徽、军旗等相同或者近似的，但经该国政府同意的除外。

第三，同政府间国际组织的名称、旗帜、徽记等相同或者近似的，但经该组织同意或者不易误导公众的除外。

第四，与表明实施控制、予以保证的官方标志、检验印记相同或者近似的，但经授权的除外。

第五，同"红十字""红新月"的名称、标志相同或者近似的。

第六，带有民族歧视性的。

第七，带有欺骗性，容易使公众对商品的质量等特点或者产地产生误认的。

第八，有害于社会主义道德风尚或者有其他不良影响的。

第九，县级以上行政区划的地名或者公众知晓的外国地名，不得作为商标。但是，地名具有其他含义或者作为集体商标、证明商标组成部分的除外；已经注册的使用地名的商标继续有效。

同时，我国《商标法》对地理标志作出了比较明确的规定。地理标志是指表示某商品来源于某地区，该商品的特定质量、信誉或者其他特征，主要由该地区的自然因素或者人文因素所决定的标志。商标中有商品的地理标志，而该商品并非来源于该标志所标示的地区，误导公众的，不予注册并禁止使用，但已经善意取得注册的继续有效。地理标志可以依照有关规定，作为证明商标或者集体商标申请注册，也可以根据规定向中华人民共和国国家知识产权局申请地理标志产品保护。

### 三、注册商标专用权的保护

#### （一）注册商标专用权的解读

注册商标专用权是指注册商标专用权人对其注册商标享有的独占使用权，未经其许可，任何人都不得在同一种商品或者类似商品上使用与其注册商标相同或者近似的商标。注册商标的专用权，以核准注册的商标和核定使用的商品为限。

但注册商标中含有的本商品的通用名称、图形、型号，或者直接表示商品的质量、主要原料、功能、用途、重量、数量及其他特点，或者含有的地名，注册商标专用权人无权禁止他人正当使用。

#### （二）侵犯注册商标专用权的行为及处理

1. 侵犯注册商标专用权的行为

有下列行为之一的，均属侵犯注册商标专用权：

（1）未经商标注册人的许可，在同一种商品上使用与其注册商标相同的商标的。

（2）未经商标注册人的许可，在同一种商品上使用与其注册商标近似的商标，或者在类似商品上使用与其注册商标相同或者近似的商标，容易导致混淆的。

（3）销售侵犯注册商标专用权的商品的。

（4）伪造、擅自制造他人注册商标标识或者销售伪造、擅自制造的注册商标标识的。

（5）未经商标注册人同意，更换其注册商标并将该更换商标的商品又投入市场的。

（6）故意为侵犯他人商标专用权行为提供便利条件，帮助他人实施侵犯商标专用权行为的。

（7）给他人的注册商标专用权造成其他损害的。

2. 侵犯注册商标专用权的行为处理

侵犯注册商标专用权行为引起纠纷的，可以由当事人协商解决；不愿协商或者协商不成的，商标注册人或者利害关系人可以向人民法院起诉，也可以请求工商行政管理部门处理。

对侵犯注册商标专用权的行为，工商行政管理部门有权依法查处；涉嫌犯罪的，应当及时移送司法机关依法处理。

从处理措施上看，对侵犯注册商标权的行为，可以追究侵权人的民事责任、行政责任、刑事责任。

侵犯商标专用权的赔偿数额，为侵权人在侵权期间因侵权所获得的利益，或被侵权人在被侵权期间因被侵权所受到的损失，包括被侵权人为制止侵权行为所支付的合理开支。侵权人因侵权所得利益，或者被侵权人因被侵权所受损失难以确定的，由人民法院根据侵权行为的情节判决给予赔偿。

销售不知道是侵犯注册商标专用权的商品，能证明该商品是自己合法取得的并说明提供者的，不承担赔偿责任。

对侵犯注册商标专用权的行为，工商行政管理部门有权依法查处。工商行政管理部门处理时，认定侵权行为成立的，责令立即停止侵权行为，没收、销毁侵权商品和专门用于制造侵权商品、伪造注册商标标识的工具，并可处以罚款。侵犯商标专用权的行为情节严重构成犯罪的，除赔偿被侵权人的损失外，还将依法追究刑事责任。

# 第二节　著作权法及其公众使用权完善

## 一、著作权的主体与客体

著作权是指作者基于文学艺术和科学作品依法产生的专有权利。"著作权法在保护权利人基于作品的专有性著作权的同时，通过一系列的专有权例外的公共领域保留机制，确保其促进文化科学事业发展与繁荣的制度目标得以实现。"文学艺术和科学作品是著作权产生的前提和基础。在理解这一概念时应从以下三点予以把握：

第一，著作权是作者首先享有的权利。

第二，著作权人作者对其作品的人格利益和财产利益为内容。

第三，著作权不仅是专有权利，还表现为一系列权利的总和。

（一）著作权的主体

著作权主体是指依照法律规定，对文学艺术和科学作品享有著作权的人，即著作权人。确认著作权的主体，不仅是《中华人民共和国著作权法》（以下简称《著作权法》）的一项重要内容，也是实施著作权保护的前提。根据《著作权法》第九条的规定，著作权人包括：作者以及其他依照本法享有著作权的自然人、法人或者非法人组织。

1. 作者

根据《著作权法》第十一条第二款的规定，创作作品的公民是作者。作者必须是直接创作作品的人，为他人创作进行组织工作，提供咨询意见、物质条件，或者进行其他辅助工作的人，不是作者。由法人或者其他组织主持，代表法人或者其他组织意志创作，并由法人或者其他组织承担责任的作品，视法人或者其他组织为作者。

一般而言，如无相反证明，在作品上署名的公民、法人或者其他组织为作者。

2. 其他著作权人

其他著作权人是指依照法律规定或者通过约定，公民、法人或者其他组织未参加作品创作而成为著作权的主体。

作者以外的公民、法人或者其他组织成为著作权人，主要有多种途径：依照法律法规取得著作权，如职务作品，电影、电视、录像作品；依照合同取得著作权，这是其他著作权人取得著作权的主要方式；依照继承关系取得著作权；以其他方式取得著作权，如作者身份不明的作品，由作品原件的所有人行使除署名权以外的著作权。

3. 外国著作权人

外国人、无国籍人的作品根据其作者所属国或者经常居住地国同中国签订的协议或者共同参加的国际条约享有的著作权，依法受到《著作权法》保护；外国人、无国籍人的作品首先在中国境内出版的，依法享有著作权；外国人、无国籍人的作品在中国境外首先出版后，视为该作品同时在中国境内出版而受到《著作权法》的保护。

在中国境外首先发表的外国人作品，根据作者所属国或者经常居住地国同中国签订的协议或者共同参加的国际条约亦可享有著作权；未与中国签订的协议或者共同参加国际条约的国家的作者以及无国籍人的作品首次在中国参加的国际条约的成员国出版的，或者在成员国和非成员国同时出版的，其著作权受我国《著作权法》的保护。

（二）著作权的客体

从一般意义上讲，著作权客体是指在著作权法律关系中，主体的权利和义务共同指向的对象，也就是我国《著作权法》保护的对象。包括：①文字作品；②口述作品；③音乐、戏剧、曲艺、舞蹈、杂技艺术作品；④美术、建筑作品；⑤摄影作品；⑥视听作品；⑦工程设计图、产品设计图、地图、示意图等图形作品和模型作品；⑧计算机软件；⑨符合作品特征的其他智力成果。

**二、著作权的取得与终止**

（一）著作权的取得

著作权的取得即著作权的产生，是指公民、法人或者其他组织依据一定的法律事实或客观事实获得著作权法的保护，享有著作权。

第一，自动取得。这是著作权取得的基本规则，是指著作权因作者创作完成作品这一客观事实而依法自动获得，不需要履行任何手续，也不需要在作品上作任何特别的标示。

第二，自愿登记。我国法律在确认著作权的取得适用自动产生的同时，规定了著作权的自愿登记制度。作品不论是否登记，作者或其他著作权人依法取得的著作权不受影响。

（二）著作权的终止

著作权的终止即著作权的丧失，一般是指著作财产权的终止。导致著作权终止的主要原因是作品的著作权保护期届满。另外，著作权人放弃著作权，也会导致著作财产权的终止。

著作权终止最直接的法律后果是作品由"专有领域"进入"公有领域"，成为全社会公有的财富，任何人都可以自由使用，而不必经著作权人的同意和支付报酬。不过，这种使用并不是绝对自由的，因为著作财产权的终止并不导致著作人身权的终止。这种自由使用是以尊重作者的署名权、修改权、保护作品完整权等人身权利为前提的。

### 三、著作权法中的公众使用权完善

在著作权相关法律制度中，公众作为著作权法中的一方主体一直发挥着重要的影响，为我国社会主义文化的繁荣与发展发挥了重要的作用。近年来随着国家对于知识产权的保护日趋完善，公众对著作权、专利权等为代表的知识产权的保护意识逐渐增强，人们普遍认识到了知识产权的重要性，我国对于著作权侵权行为的高压打击促进了对著作权的保护，侵权行为得到了一定程度的遏制，在社会上起到了良好的示范作用。这本应是令人开心的事情，不过随着对著作权相关权利人的一味保护，公众的基本文化权益受到了较大的侵害，尤其是数字技术的发展让权利人将作品与公众之间建立起了一条鸿沟，公众的基本文化权益难以保障。

公众这一词语在我国著作权法以及相关法律制度中多次提到，我们对此并不陌生，在法院的知识产权审判过程中，公众、公有领域等词语也频繁出现在判决书中，但是，对于公众这一概念的范围没有明确的界定，导致在具体运用的过程中没有统一的标准，对公众本该享有的文化权益没有得到应有的保障。近年来随着民主法治意识的进一步提升，某些类型的公众的权利必须受到社会的普遍重视，才能保障这部分人的正当权利。

完善公众权利保护的举措包括以下方面：

（一）构建合理的公众权利体系

构建一种合理的公众权利体系是完善公众权利保护的基础，合理的公众权利体系需要从公众权利的主体、客体以及规范的行为等方面进行探讨。

首先，对于公众权利的主体进行界定，公众就是社会的公众成员，即作品的使用者。作品的使用者包括消费者和再创作者。消费者包括利用作品进行学习和研究以及个人欣赏的群体，这些群体没有任何的营利目的，以进行科学研究、学习和自我欣赏为主要的目的，其行为并不会为著作权人带来经济上的损失，并且他们作为消费者会对作品进行一定数量的购买，甚至会带动一些群体对作品的消费。再创作者包括演绎者、评论者等，他们可以对在著作权法保护期内的作品进行合理使用或者对于已经过了保护期属于社会公众都可以使用的作品进行演绎等再次创作的行为。

其次，对于公众权利体系规范的行为，相对应的就是作品的消费行为和再创作行为。对于消费者基于自身学习、研究所获得的载体，可以将这些信息和思想用于公众自身的学习和研究中，消费者对于作品思想和信息的使用属于著作权法中合理使用的范畴，并不涉及著作权和邻接权的问题，不会与著作权人的合法权利造成冲突。并且，在数字经济迅猛发展的形势下，消费者的无偿获得知识信息的行为可以增加网络的流量，从而使发布信息的作者获得收入，也为作者和平台带来了不菲的广告收入。在这一过程中，消费者虽然并没有对作品支付金钱，但是其对作品的浏览使作品获得了流量，增大了作品的曝光量，这可以理解为是消费者对于作品投入了时间成本从而使作者获得了曝光量和广告的收益。此种行为还为著作权人获得更高的收益起到了促进作用，有利于作品的传播和文化的繁荣。而再创作行为会涉及到原作品的著作权问题，可能会引起二者之间的冲突。当处理这种冲突的时候不仅要保护著作权人的权利而且要保护公众权利。如果是已经过了著作保护期限的作品公众可以在原作的基础上进行创作无须担心侵权问题，对于还在著作权保护期限内的作品，我国著作权法第 24 条对此进行了规定，为介绍、评论某一作品或者说明某一问题，在作品中适当引用他人已经发表的作品属于合理使用的范畴。

在公众权利体系下，公众不仅可以获取知识信息，还在不断的参与着社会的文化创作活动，为社会文化的繁荣发展贡献着自身的力量。消费者的消费行为也在激励着著作权人不断创作出优秀的作品，再创作者则在原作品的基础上进行创作，直接为社会上作品的增多和文化的传承作出贡献，有效的为知识与文化的可持续发展起到了推动作用。

（二）明确公众权利的客体范围

明确公众权利的客体范围是完善公众权利保护的基础，公众知晓自己的权利范围后会降低公众对著作权人作品的侵权的可能性，对于属于权利范围内的客体，公众会更加放心地使用，不用担心侵权的后果，这对于保护著作权人的权利和维护公众的合法权利都大有裨益。

第一，公众权利的客体应该包括著作权法中规定的合理使用部分，合理使用部分是公众权利客体的重要组成部分，著作权法通过这一制度为公众基于个人的学习、研究、欣赏等提供了便利的条件。在新修改的著作权法中为阅读障碍者提供了更加开放的条件，并增加了兜底条款，这是符合社会发展的新趋势，为阅读障碍者增加合理使用的方式这不仅符合我国著作权法的立法宗旨，并且是我国宪法规定的让公民享受文化事业不断发展带来的诸多权利的生动体现，兜底条款的新增为合理使用制度与其他法律和行政法规的协调提供了便利，相信在将来合理使用制度会不断向社会中的弱势群体进行倾斜，让社会文化的发展由全体人民共享。

第二，保护期限届满的作品，在著作权作品经过法定的保护期以后自动进入社会公共领域，公众可以对该作品进行使用和传播。目前我国对作品的保护期限为作者终身和及死亡后 50 年，即在 1972 年之前去世的作品其作品已经进入了社会公共领域，由于我国历史文化十分丰富，所以保护期限届满的作品众多，为公众学习和再创作提供了丰富的信息资源。

第三，法定不享有著作权的作品，主要包括法律法规、国家机关的决议和文件、历法、公式等，这次修改将时事新闻改为了单纯的事实消息，单纯的事实消息不具备法律所规定的独创性，这满足了公众对社会时事的知情权和参与感，也同时保护了编辑在对新闻进行报道时对形式和内容有较大独创性的作品的著作权。

第四，不受著作权保护的思想、观点等要素。作品是需要具备独创性并且能够以一定的形式表现出来的智力成果，而思想、观点等要素是无形的且无法进行复制，基于思想表达二分法，我国著作权制度是不会将思想作为保护的对象的，公众可以学习其中的思想和观点并在此基础上进行再次创作，在不违反法律规定的情形下都是允许的。

总之，要明确公众权利的客体范围，既要保护著作权人的权利不受侵害，又要促进信息知识的自由流通，保障公众对文化知识的正当权益的需求。

（三）建立规范的救济机制

出于保护知识产权维护权利人合法权利的目的，我国近年通过立法和司法解释等方式逐渐加大了对于侵犯知识产权的惩罚力度，在2021年新实施的《著作权》法中，引入了著作权的惩罚性赔偿条款，明确了侵权的赔偿下限，将之前规定的五十万以下的赔偿修改为五百元以上五百万以下，惩罚性赔偿条款的引入对侵权人形成较强的震慑力，为保护著作权人的利益增加了法律保障，维护了其合法权益。

但是对于一些平台利用本属于公共领域的作品进行盈利行为却没有完善的执法惩罚机制。对于恶意将公共领域作品作为盈利手段的应该加大处罚力度，对此类违法行为作出专门的法律规定。如果发生与不正当竞争相关的著作权滥用损害公众正当权益的行为可以用《反不正当竞争法》进行规制，与垄断相关的损害公众权利的行为可以用《反垄断法》进行规制，这两部法律的规定更加详细，可操作性更强，处罚力度也比较大。这样的处罚程度基本可以对此行为起到一定的遏制作用。以此来作为规制权利滥用行为的执法保障，为创作者提供更加广阔的空间。

## 第三节 专利法与专利开放许可制度的完善

专利一词，作为法律和技术领域的核心概念，具有多重维度和复杂性。在不同的学术和实务讨论中，专利既指代专利申请的行为，也涵盖了专利权这一法律状态，同时还可被视作专利文献或技术方案的集合。这种多样性使得在理解和应用"专利"这一概念时，必须充分考虑其所在的上下文环境，以避免误解和混淆。

《中华人民共和国专利法》（以下简称《专利法》）是为了保护专利权人的合法权益，鼓励发明创造，推动发明创造的应用，提高创新能力，促进科学技术进步和经济社会发展而制定的法律。该法旨在保护专利权人的合法权益，鼓励发明创造，推动发明创造的应用，提高创新能力，促进科学技术进步和经济社会发展。

国务院专利行政部门负责管理全国的专利工作，统一受理和审查专利申请，依法授予专利权。省、自治区、直辖市人民政府管理专利工作的部门负责本行政区域内的专利管理工作。

### 一、专利保护的主体与客体

（一）专利保护的主体

第一，发明人或设计人：对发明创造的实质性特点作出了创造性贡献的人。这里要注意的是，只负责组织工作的人、为物质技术条件的利用提供方便的人或者从事其他辅助性工作的人，通常不被认定为发明人或设计人。

第二，单位：对于职务发明创造来说，专利权的主体是该发明创造的发明人或者设计人的所在单位。职务发明创造是指执行本单位的任务或者主要是利用本单位的物质技术条件所完成的发明创造。这些"单位"包括各种所有制类型和性质的内资企业和在中国境内的中外合资经营企业、中外合作企业和外商独资企业。

第三，受让人：通过合同或继承而依法取得该专利权的单位或个人。

第四，外国人：具有外国国籍的自然人和法人。

（二）专利保护的客体

《专利法》第二条，规定的专利申请的类型指发明、实用新型和外观设计：发明是指对产品、方法或者其改进所提出的新的技术方案；实用新型是指对产品的形状、构造或者其结合所提出的适于实用的新的技术方案；外观设计是指对产品整体或者局部的形状、图案或者其结合以及色彩与形状、图案的结合所作出的富有美感并适于工业应用的新设计。

需要指出的是，2021 版《专利法》对外观设计的定义有了修改，增加了"整体或者局部"的限定词，其实是放宽了客体的范围。

《专利法》第四十二条规定，正常情况下，发明专利权的期限为二十年，实用新型专利权的期限是十年，外观设计专利权的期限被调整为十五年，药品专利可以要求补偿期，补偿期限不超过五年，新药批准上市后总有效专利权期限不超过十四年，均自申请日起计算。优先权日不作为起算日。

## 二、专利开放许可制度的完善

"为突破专利交易的信息壁垒、简化专利交易程序及缩减专利交易成本，进而促进专利成果转化，专利开放许可制度应运而生。"[①] 在我国专利申请量和授权量逐年攀高的同时，专利有效实施的比率却并不乐观，专利授权缺乏转化为实质经济效益的内生动力。因此，健全专利开放许可制度具有重要意义。

---

① 向绍灯. 专利开放许可制度及完善路径探析 [J]. 江南论坛，2023，（12）：54.

（一）加强政府对专利市场的引导调控

专利开放许可制度在享受开放市场带来专利成果转化红利的同时，也需正视市场天然存在的缺陷。市场经济以追求利润为核心，社会可持续发展往往受到忽视，这种固有的市场弊端在专利市场中亦有表现。市场的逐利性往往会驱使资本流向低成本投入、高收益的专利领域。投资巨大、收益周期较长的新兴专利领域则鲜有资本注入，会影响专利市场乃至整个市场经济的协调发展。

为有效防止市场固有弊端给专利市场带来的冲击风险，应当发挥政府在专利市场交易中的调控指导作用，防止社会资源向特定专利领域单向流动、恶性积累。相关政府部门应主动担负起对专利市场进行宏观调控及为专利交易提供必要支持的责任。宏观调控机制的建立不能脱离于对专利市场发展的监测，应当在分析各领域创新型资源的投入与转化效益的基础上，积极补齐专利市场短板，合理兼顾专利市场的各个领域。例如，对于弱势专利市场领域，应对专利年费进行合理缩减以提高短板专利的成果转化积极性，通过有针对性的政策性扶助引导社会资源合理分配，以实现对宏观专利市场的调控；从微观角度出发，政府部门应当建立起解决专利问题的智库组织，为专利交易及实践过程中出现的困境提供必要的智力支持。智库组织能够为专利交易双方应对专利专业性问题提供相应的指导性建议，从而化解专利交易及实施纠纷产生的风险。市场的敏捷性激发了专利交易及专利成果转化的活力，宏观调控、微观指导则是专利市场平衡健康发展的有力保障。只有综合市场与政府的双方优势，才能够更加稳健地推动中国专利开放许可制度的不断完善。

（二）搭建专利开放许可价值评估体系

从专利权的私权属性来看，专利权人可以完全依照主观意愿作出溢价或是降价处理的选择并以货币化形式呈现为专利使用费。但从促进专利交易双方公平交易和专利交易市场健康发展的角度来看，应当建立专利价值评估体系，为缺乏专利价值评估能力或难以对专利价值产生合理期待的专利权人群体提供专利可能价值的指导性建议，防范专利许可使用费设置畸高或者畸低局面的出现，实现专利交易双方的利益平衡。

为缓解专利交易过程中专利评估价值差异过大的矛盾，建立专利价值评估体系势在必行。

首先，专利价值综合了专利的技术价值、法律价值和市场价值等多维价值，从而得出一个综合性的评估结果。实现精确化的专利价值评估不具有可行性，专利价值评估是综合诸多价值影响要素所进行的模糊性评价，旨在使专利评估价值尽可能趋近于专利实际价值。

其次，建立多元专利价值评估指标体系。专利市场所涉及的领域广泛，各领域的专利价值评估具有特殊性，相应的评价指标也应当随之变化，针对不同的专利领域和专利类型，应当综合考量特殊专利价值的影响因素，建立开放许可专利评价指标体系，进一步确定合理的许可费影响系数，确立不同的价值评估指标体系。再次，专利价值评估系统的搭建应重点依托大数据平台。一方面，大数据平台能够高效统计和分析动态专利市场的变化发展趋势，实时为专利价值评估提供客观数据支撑，避免过度依赖"主观要素"进行专利价值评估局面的出现；另一方面，大数据及互联网平台具有低成本、精确化、高效率等优势，能够有效降低人工成本的投入，减少评估误差，进而提高专利价值评估的效率和准确性。

最后，专利价值评估体系搭建需与专利交易过程紧密联系，价值评估应与专利权人设立专利许可使用费直接关联，为专利权人确立专利使用费和相应标准提供指导性建议。值得注意的是，专利价值具有不稳定性和不确定性的特征，因此，需要保留专利使用费的改价机制。当专利价值产生重大评估误差或重大变更而使专利许可使用费适用显失公平时，专利交易双方有权基于公平交易原则对专利许可使用费进行协商变更。依托专利价值评估体系形成事前建议、事后补充的专利许可使用费确立、更改机制，使交易双方利益分配趋向于科学化，进而营造出公平的专利交易市场环境。

（三）构建专利信息交流平台

专利开放许可制度将专利交易积极性推到了一个全新的高度，在专利交易市场积极性提高的同时，应当建立服务于专利交易的高效平台。专利交易的快速膨胀容易导致专利数据更新滞后、信息交流人群膨胀、交易安全缺乏保障等问题。大数据技术可以将海量多样的数据信息加以集中统一规范化管理，依托互联网，建立专利信息交流平台是完善专利市场配套措施的必然趋势。

相关部门应当积极推动专利信息交流平台的建立，实现专利交易信息化、管理智能化。从专利交易市场平台搭建的适格主体看，专利信息交流平台的建设和管理应当出国务院专利行政部门主导。一是专利信息具有极强的秘密性，小到侵害个人权益，大到危及国家安全。专利数据的收集和管理，都应当具有足够的安全性保障。国务院专利行政部门作为国家公权力机关，在维护专利数据安全和信息管理能力、信息处理能力方面都具有显著优势。二是专利行政部门能够及时准确地把握专利市场的信息数据和发展趋势，以此为依据，分析专利市场发展局势、明辨市场发展问题，进而有针对性地提出解决方案，促进专利开放许可制度设计不断推陈出新、自我改革。三是专利行政部门能够及时了解专利纠纷，履行调解专利纠纷的法定职责。专利行政部门主导专利信息平台的建设和管理，有利于及时查明纠纷事实，更加高效地促成专利交易纠纷的实质性解决。

从专利信息交流平台的具体设置来看，应包括专利检索与获取、专利使用与反馈、申诉维权等模块。专利检索与获取旨在为专利交易双方提供可视化的专利交易数据信息，专利许可人通过平台公布专利信息及相应条件，被许可人则在检索筛选的基础上选择其目标专利，在双方合意达成的条件下，被许可人通过专利信息交流平台单向发出通知，即可高效达成专利许可实施合同。专利使用与反馈旨在对专利成果实施及转化过程中产生的实际数据进行回收分析，以针对性地解决专利交易及专利实践过程中发现的问题。申诉维权则主要解决专利交易及实施过程中产生的专利纠纷，这一模块应当与专利行政部门的居间调解职能相关联，实现证据收集与专利纠纷处理的一体化设计。

## 第四节　数字网络空间视域下的知识产权优化

为使得数字网络空间视域下各类政策工具更加均衡协调，知识产权政策有必要在以下方面增加相应政策工具比重：运营管理、合作竞争，法律规制，科技应用与产业化，国际规则构建，服务、管理创新，创新商业化，权利界定、配置，社会福利提升等。立足我国自身发展实际、顺应数字网络空间发展的时代需要、结合知识产权全球治理状况，下面提出相应的知识产权政策优化的建议。

### 一、数字网络空间视域下知识产权政策环境营造

经济环境、政治环境、文化环境、外部环境是本文重点关注的知识产权政策环境。数字网络空间的发展改变了这些环境的传统形态，数字网络空间视域下知识产权事业的发展更多这些环境提出了更高的要求。针对我国知识产权所处的政治、经济、文化及外部环境现状，各种政策举措不断增加，多元配套，足见中央对知识产权政策环境的重视，但不同种类的政策举措在数量上并不均衡。另外，我国经济环境、政治环境、文化环境、外部环境中也存在诸多困境，妨碍了知识产权事业的发展。为了更好的促进数字时代知识产权事业的发展，有必要采取以下方式营造适配数字网络空间视域下知识产权政策环境：

（一）完善市场秩序，维护创新基石

数字网络空间的发展开创了新兴的数字经济增长模式，但我国经济环境中依然存在产权界定困难、创新能力不足、市场自律程度较低等妨碍知识产权事业发展的难题。为此，有必要完善市场秩序，维护创新基石来优化知识产权政策的经济环境，协助知识产权事业的发展。

1. 加强市场导向的确权审查

目前，我国知识产权申请过程中，不论申请的是专利权、商标权，还是著作权，都包括初步审查（或形式审查、协会审核）、实质审查（版权中心审核）两轮审查。审查的内容主要是围绕知识产权申请对象是否符合知识产权授权范围、知识产权申请材料是否完整等方面进行。现有知识产权审查主要聚焦在申请对象本身是否达到授权资格进行，而对申请对象与市场间关联的关注则较为匮乏。

我国经济已经由高速增长阶段迈向高质量发展阶段。在这一经济发展阶段中，知识产权在市场经济中的战略作用不容忽视。集法律属性、技术属性、商业属性于一身的知识产权唯有置身于市场才能发挥自身价值的最大化。相应的，知识产权审查也应坚持市场本位。同时，数字网络空间的发展压缩了市场中知识产权更新的周期。在这样的情况下，在知识产权授权审查过程中，相应的行政管理人员不仅需要考察知识产权申请对象本身是否符合知识产权政策要求，以确保知识产权授权的合法性；更需要考察知识产权申请对象在市场中的实际情况，以确保知识产权授权的合理性。申请对象在市场中的实际情况包括但不限于：该技术是否是相关行业的核心技术？相应授权是否会影响该行业整体的改进与发展？申请对象和之前已有的知识产权授权间是否存在明显的相似之处？等等。在知识产权审查中加强市场导向的考察，可以有效避免后续可能的知识产权无效申请，既避免了大量行政与司法资源的浪费，也为市场进一步的研发与创新预留更多的空间。更重要的是，建立在市场本位基础上知识产权行政审查，符合知识产权内在的生命力。

市场本位的知识产权审查也更契合数字网络空间的发展。数字网络空间内，各个节点间彼此交叉关联，数字网络空间兼具个体性的发挥与整体功能的彰显。以其为基础的数字经济不仅需要技术创新的支撑，更依赖于前期技术与新兴技术、关键技术之间的交流与合作。数字网络空间视域下的经济高质量发展离不开大量优质的知识产权，而此阶段的知识产权也需要市场全局基础上的行政审查来甄别良莠，以发挥自身的最大价值。

2. 关注知识产权侵权新情况

数字网络空间开拓了新的空间形态，由于在其内部无形性知识产品复制、传播的便捷性、隐蔽性、瞬时性、广泛性，知识产权侵权难度与成本大为下降，而流量收益则颇为可观。同时，在数字网络空间内部不断形成一些存在知识产权侵权风险的新兴行业领域，例如：网络直播表演是近年来新兴文化创意产业的一部分，为缤纷的网络文化再添一抹亮丽色彩，更成为一种新的谋生与盈利方式。但新的传播技术与模式极易引发知识产权（著作权中表演权）问题。

数字网络空间中不仅新兴行业容易出现知识产权侵权隐患，一些熟知的网络服务也可能随着功能的丰富、用户规模的增长而出现知识产权侵权行为。

在市场自律性不高的情况下，完备且为人所知晓的知识产权惩戒性政策可以起到很好的他律效果，以保护创新，营造健康、积极、有保障的市场经济环境。数字网络空间不断改变现有知识产权存在的样态，相应的，知识产权政策就可能出现适应性不高、存在政策空白或者不为人所了解等窘境。因此，及时关注数字网络空间内新兴产业或新兴技术的侵权使用情况，跟进完善现有知识产权政策的适应性、普及度与明确度，减少市场由于无章可循或政策理解偏差而导致的知识产权侵权纠纷。在我国，知识产权可谓是与市场经济一起逐步建立的，在没有任何社会基础的情况下，市场形成知识产权自律需要长周期的实践与沉淀，更需要能够紧跟市场情况的知识产权政策来进行强制性的教化。目前，数字网络空间是当前最突出的市场知识产权情况，需要及时回应。

（二）优化整体治理，加强部门协作

20世纪末，英国学者佩里·希克斯等提出整体性治理理论，目前，该理论已成为主流治理新范式之一。整体性治理是指政府间各部门通过充分沟通与合作，达成有效协调与整合，彼此的政策目标连续一致，政策执行手段相互配合与强化，达到合作无间的治理行动。整合与协调是整体性治理思想的关键。其中，协调涉及工作层面的联合、一体化的信息系统以及不同机构、计划方案和不同决策主体之间的对话，而整合则关注实际执行，通过共同的组织结构、相近的专业知识和执行工具等实现。

我国知识产权政策的政治环境中产权治理机制弱化、知识产权双轨保护机制间存在冲突、各区域知识产权治理差异较大。整体性治理内嵌的协调与整合理念恰好是解决知识产权政策政治环境难题所需要的。按照整体性治理的理念，我国知识产权政策政治环境的改善可以通过以下方式：

1. 明确知识产权局主体协调地位，统合各部门资源服务

制定整体性、权威性、规范性的知识产权政策，明确知识产权局在参与知识产权治理众多政府部门中的主体协调地位，并且，在知识产权治理专项行动或者改革试点活动的专门性政策文本中也应当保持知识产权局的主体协调地位，以确保知识产权政策体系间的一致性。其中，需要强调知识产权局在外贸、科技管理、市场流通等内嵌知识产权公共问题领域中的地位，给予其有关知识产权问题的话语权，避免其因为缺乏具体的工作载体，自身话语权被架空。同时，科学技术部、商务部、市场监督管理局制定的政策文本中知识产权部分，应确保知识产权局的审阅权力，防止知识产权配套政策间出现矛盾、冲突与漏洞，削减知识产权政策效力。

在动态的知识产权政策过程中，还需注意不同执法主体的执法程序与标准，需要在多次的沟通交流以及具体合作中，形成合理合法的整合与分担机制与相互牵制的监督机制，尤其需减少政策制定与政策执行间可能的偏差；利用大数据信息以及数据处理系统等智能化、数字化技术，形成便捷有效的共享机制；更为重要的是，在政府部门的历次沟通、合作中，应设法建立可持续的信任机制，不同部门、不同层级间的政府组织间难免出现关系的裂痕与脱嵌，依靠信任的调控与引导可以避免或减少政府各部门协同治理的窘境。信任机制能够减少大量的行政成本，提

高管理效率。另外，知识产权管理与执法工作应分别交由不同部门负责。这样既能减轻相关部门工作压力，也便于上级部门、企业、公众等对这些部门工作进行有效的监督。

2. 建立知识产权行政保护与司法保护衔接机制，协调运用权力

我国知识产权治理涉及行政管理与刑事司法两种保护机制。具体的知识产权侵权行为很有可能既受到行政权力约束，又受到司法权力规范。由于两种权力分别由具有不同偏好、不同标准、不同程序的权力主体运行，极有可能产生直接与间接的冲突。为此，需要在知识产权行政确权与司法审查间、行政裁决与民事诉讼间、行政执法与刑事司法间建立衔接机制。

（1）统一知识产权行政与司法机关间的执法标准，两套不同体系间应当对知识产权政策解读、知识产权事实与证据认定、知识产权执法程序等方面有着一致的理解与认知。

（2）知识产权维权援助中心可以充当知识产权行政救济与司法救济间衔接中介，加强知识产权行政机关与司法机关就相关疑难案件的信息共享与意见交流，并及时完善相应的衔接规定与标准。

（3）行政机关与司法机关间应相互配合且相互监督，提高两者在打击知识产权侵权行动中的默契度，提高相关法律案件从行政机关向司法机关移送的效率，提高对知识产权侵权者的威慑力，有效借助行政机关的高效性、灵活性与司法机关的权威性、强制性预防知识产权犯罪，营造良好的"不敢侵、不能侵、不想侵"的知识产权法治环境。

**二、数字网络空间视域下知识产权政策行动者培育**

知识产权政策行动者是政策过程中最为重要的能动要素。环境为知识产权政策过程提供了政策实施的基本资源，同时，也形成了某种约束，限制了政策效果。价值则引领了知识产权政策的发展方向，明确政策发展的目标，辨明其涉及的利益分配。而环境的考察、价值的确定需要依靠行动者的主观能动性。在此基础上，政策过程的演进有赖于行动者的

推动。可以说，政策行动者间的互动构成了政策过程的重要部分。总的说来，政策环境是知识产权政策的基础，政策价值是知识产权政策的灯塔，而政策行动者则是联结环境与价值合力，决定知识产权政策发展的关键。

数字网络空间视域下，知识产权问题的复杂性、难以预见性以及波及面都在呈现指数级增长，仅依靠政府或市场单一层面的有限理性不足以应对数字网络空间不断开拓出的"政策荒地"，唯有培育包含政府、市场、社会在内的具备多样性、专业性的合格行动者，方能回应时代与知识产权发展的需要。对政策行动者的培育要置于政策网络之内，只有实现政府、市场、社会间有效的网络合作，政策行动者才可谓是合格的。

（一）明确政策网络角色，增强彼此协调互动能力

政策网络中涉及五种类型的行动者。在政策过程中，每种行动者有不同的政策优势，能够发挥不同的政策作用。政策网络需要各类行动者各就其位，并相互合作，共同推进政策过程，实现政策优化。这一目标的实现离不开各类行动者对于自身在政策网络中角色的清晰认知，离不开自我能力的提升。根据第五章的内容，行动者在这方面有所欠缺，为明确各自行动者的政策网络角色，增强彼此协调互动能力，有必要采取以下措施：

1. 扩大知识产权人才库，加强智库队伍建设

人才一直是知识产权政策关注的重点，但在《国务院关于新形势下加快知识产权强国建设的若干意见》《国家知识产权战略纲要》中关注的主要是从学科建设、培养模式等方面出发来增加知识产权人才的数量与质量，以服务于知识产权事业发展的需要。需要注意的是，知识产权人才库中不仅需包括从事知识产权创造、运用、保护、管理、服务等方面的具体事务性人才，还得包括具有全局意识、掌握知识产权前沿理论、能够为知识产权政策制定及解释提供智力支持的智库型人才。

目前国内知识产权智库资源并不丰富，府际网络在地方与智库进行政策合作时，选择余地不大。在这样的情况下，知识产权智库政策研究

的外部刺激因素也大为降低，不利于其提高政策研究质量。为此，有必要扩大现有的知识产权人才库，重视理论型、事务型等多方面知识产权人才的培养。同时，加强智库队伍建设，鼓励智库间的交流与合作，提高智库研究质量。

为培养能够胜任专业网络行动者的智库队伍，需要注意两点：一是明确合格的专业网络行动者标准。作为合格的智库，应当具备较强的理论功底、脚踏实地的工作态度、市场深度调研的技巧、发现知识产权问题的敏感性等特质。二是确保智库队伍在多领域进行深度的常态化学习。目前，政策社群、府际网络中行动者的专业素质大为提高，本身具备一定的知识产权专业知识储备。出于事务性工作的需要，政策社群、府际网络中行动者日常需不断充电。为了给政策社群、府际网络更好的智力支持，智库队伍更需要全面深入地进行常态化学习。如此，方能更好应对数字网络空间层出不穷的新问题，才能就政策议题向政府提出合理、合法、合适的政策建议。

2. 深挖社会知识产权链，拓展部门对话空间

受行政级别的限制，知识产权局在与商务部、工业和信息化部等中央职能部门的对话空间有限。这种情况可以通过以下方式改变：增强知识产权与经济社会的联系，扩大知识产权的影响力，进而提升知识产权局在与其他部门衔接、对话时的话语权。

为增加知识产权与经济社会联系，体现知识产权在社会发展中的重要作用，提高各职能部门对知识产权重视程度，可采取以下方式：当前，科技已经成为经济发展的"定海神针"。各省市纷纷围绕产业链与创新链下功夫，"产业链强化创新链，创新链赋权产业链"成为多省市经济发展的目标。在产业链、创新链深度融合的当下，知识产权作用在不断突出。在强调产业链、创新链同时，布局知识产权链，形成有自主知识产权的原创性、标志性技术成果。如此一来，知识产权既能够成为市场竞争的要素，也能够保障产业链供应链安全。

当知识产权成为市场竞相追捧的香饽饽，并成为保障企业安全的有

力武器，专门负责知识产权公共事务的国家知识产权局将对经济科技发展、市场营销等有更大的发言权，与商务部、工业和信息化部、农业农村部等有更多交流的领域与筹码。知识产权局与其他职能部门的联系更加紧密，在与其他部门相互协调、衔接时，有更多的主动权、话语权，所提供的政策建议更易为其他部门所接受、重视。在这样的基础上，政策社群、府际网络内部的各部门之间将有更融洽、紧密、全面的互动。

（二）塑造网络信任氛围，推进对话与合作常态化

强调行动与交互性是数字网络空间的特征，也是其内部行动的风格。解决数字网络空间内部的知识产权难题也需要塑造政策网络间的信任关系，使政策网络的行动者能够在真诚的氛围中互动，利用可供相互依赖的资源，充分发挥网络合力以及时、有效应对层出不穷的新问题与新情况。针对当前知识产权政策网络中缺少真诚且深入的交流学习状态，有必要采用以下手段：

1. 加强政府与专业网络间稳态化基础合作

专业网络具备政府所需要的理论资源，并能平衡政府行政化思维，以公众能够理解的方式进行政策解读，确保政策的合法性、公共性与可接受性。为了提高专业网络研究成果与政府需要的契合度，有必要让专业网络与政府间有更深入的常态化的合作与交流。为实现这一目标，可让智库成员加入到知识产权局等部门进行挂职锻炼，了解政策出台部门日常事务性工作流程与特点。同时，请专业网络行动者为行政部门成员进行常规培训，使行政部门能够接触到前沿的理论，增进彼此的思想交流。这种方式能够帮助专业网络兼顾研究成果的理论性与事务性，调整研究成果，使其更符合政府的需要，扩大自身的政策影响力。同时，行政官员也能更大程度地理解专业网络的研究成果，了解政策工具的精髓，更好地理解、运用专业网络的政策建议。

应当明确专业知识只有嵌入更大的决策视角、融入更复杂的政治社会因素才能提高自身的政策效用，专业网络才具备更大的政治影响力。加强政府和专业网络间稳态化基础合作能够加深彼此的资源交换，建立

更为深厚的情感联系，为提高专业网络智力成果质量提供良好前提。

2. 在政策网络互动中培养真诚信任的氛围

政策网络是囊括具有不同利益、掌握不同资源的众多行动者的网络集群。不论是稳态化的基础合作，还是样本选择与长期调研，都需要真诚信任的氛围。在这样的氛围之下，政策社群、府际网络、专业网络、生产者网络等行动者才有可能真正认真、理性、深入地合作，进行政策的共同生产，达成政策共识。

为了在政策网络中培养起真诚信任的氛围，需要：首先，有畅通的利益表达渠道。这可以让行动者在思考成熟时想表达、能表达、会表达，并为政策网络的运转提供基本保障。其次，注重政治效能感的培育。对政策网络中行动者的政策参与作用给予及时充分的肯定，鼓励其更多的政策参与，并给予相应的精神与物质激励。再次，明确政策参与的有效性标准。当前世界范围内，协同治理是国家、社会治理演进的方向，其强调各类行动者之间形成合作关系的重要性。知识产权政策网络所形成的结构与互动正是协同治理理念的生动体现。在此过程中，应当明确有效政策参与的标准。标准是高质量发展的前提。这一点对政策参与同样适用。为此，应仔细研究政策参与有效性标准，细化到每类行动者，并宣传到位，使各类行动者行为有可以参照的标准。最后，长期的实践积淀。真诚且互信的关系需要实践的积淀与时间的检验。要在逐次的互动中真实表达各自的利益诉求与政策需要，在不断的标准化框架内真诚沟通、站在他人角度的情景互换、积极的合作、资源互助中实现彼此关系的升华。

真诚信任氛围与时代共同演进。在数字网络空间视域下，一方面，个人信息模糊且隐蔽；另一方面，每个人都有隐私被暴露的风险。在这样的大背景下，政策参与中真诚信任氛围的养成更为难得与重要。在这种氛围中的政策参与能够大大增强政策的合法性，培养市场、社会对政治制度的信任，有助于政策全过程的稳定与有效。

# 第七章　现代公司法中的公司股东与公司治理

## 第一节　股东及其资格的认定

　　股东，是指向公司出资而持有公司股份、享有股东权利和股东义务的人。股东包括三种含义：第一，股东是公司法人组织的成员；第二，股东是公司股份或者出资额的持有人；第三，股东是股权的享有者，只要具有股东资格，就必然形成与公司之间的权利义务关系。股东资格是享有股权的前提，股权则是股东的实质内容。

　　股东可是自然人、可以是法人、也可以是非法人组织，还可以是国家。自然人作为股东，法律对其并无行为能力的要求，所以股东可以是限制能力人或者无行为能力人，但是当限制行为能力人或者无行为能力人作为股东时，需要由其法定代理人代理其行使股东权利；当法人、非法人组织成为股东时，其股东权利需要通过委派自然人来行使，除非法律、法规对被委派的自然人代表的资格作特别限制外，其只要不担任公司的董事、监事和高级管理人员，那么只需要具备完全民事行为能力即可；当国家作为股东时，需要明确代表国家行使股东权的具体组织，例如国有资产监督管理机构。

　　由于股份有限公司股东资格，以是否持有公司发行的股票为认定标准，一般不存在资格认定的困难。所以，股东资格的认定问题，主要针对的是有限责任公司。在正常情况下，作为适格的有限责任公司股东，应当是向公司出资（或认缴出资）并记载于公司章程或股东名册中的主体。但现实情况比较复杂，往往实际出资人、公司章程、股东名册、工商登记、出资证明凭证、股权转让合同中的股东信息并不一致。股东资格认定是我国司法实践中经常遇到的问题，如在股权确认纠纷、股权转让纠纷、其他股东权纠纷、债权人追究股东瑕疵出资责任等诉讼中，当事人都可能因此发生争议，正确解决股东资格认定问题是解决这些纠纷的前提条件。

我国股东资格认定的具体标准如下：

### 一、向公司出资或认缴出资

股东的资格确认首先是向公司出资或认缴出资，或者继受取得股份或股权，也就是说股东与公司有实际上的投资关系。如果当事人之间就股权归属问题发生了争议，根据《〈公司法〉司法解释（三）》第二十二条的规定，一方要确认其享有公司股权的，应当向法院证明具有下列事实之一：①已经依法向公司出资或者认缴出资，且不违反法律法规强制性规定；②已经受让或者以其他形式继受公司股权，且不违反法律法规强制性规定。需要注意的是，上述规定只是表明了司法实践在股东资格认定上采取了出资作为认定依据，但并不是股东资格取得的前提条件，也不是决定性条件。

理论上一般认为，实际出资与股东资格认定没有必然的联系，实际出资人并不必然能够成为公司股东，股东资格的获得还必须以公司依法成立为前提条件。同时，由于有限责任公司的人合性较强，要成为公司股东，还必须和其他出资人达成合意。比如隐名股东存在的情况下，隐名股东实际履行了出资义务，但因其"隐名"，所以并不当然具有股东资格，其要取得股东资格，要经公司其他股东半数以上同意。在股东向公司出资或者认购股份后，虚假出资、出资不实或者抽逃出资的情况下，并不必然会丧失股东资格，但需要承担相应的民事责任和行政责任。当然根据公司自治原则，公司股东会可以限制其股东权利或者取消其股东资格。因此，出资是影响股东资格的重要因素，但并不是认定股东资格的唯一或必备依据。

## 二、出资证明书

出资证明书是指有限责任公司依法成立后，由公司向股东签发的，确认股东与公司之间投资与被投资以及投资额度大小的凭证和法律形式。关于出资证明书的性质，学界存在两种对立观点：一种观点认为，出资证明书只是投资者取得股份或出资的"物权性"凭证，其功能主要是证明持有人已向公司真实出资。它是投资人出资行为的证据，不能证明投资人与公司之间存在某种成员关系。因此，不能仅依据出资证明书就认定持有人具有股东资格。另一种观点则认为，出资证明书是公司签发给股东的证明凭证，既可以证明持有人已履行了出资义务，又可以证明持有人的股东身份。虽然学术观点不一，但依据《公司法》第三十一条规定，出资证明书应当载明下列事项：公司名称、公司成立日期、公司注册资本、股东的姓名或者名称、缴纳的出资额和出资日期、出资证明书的编号和核发日期，并要求出资证明书由公司盖章。因此，出资证明书在证明出资人出资行为的同时，也对出资人的股东身份加以认可，公司加盖公章等行为就表明认可了该股东的股东资格。可见，出资证明书具有证明股东资格的效力。

## 三、公司章程

公司章程是我国有限责任公司设立的必备材料。《公司法》第二十五条规定，有限责任公司的公司章程应当载明股东的姓名或者名称、股东的出资方式、出资额和出资时间，股东应当在公司章程上签名、盖章。公司章程是公司的自治规约，是股东就公司事务的安排与管理形成的统一的以书面形式固定下来的意思表示。公司章程具有对内和对外两种效力。其中，对内效力，即对公司内部股东的效力更高。就股东资格而言，一般情况下，依据公司章程的记载即可对股东资格加以认定，但也存在例外情况。如在隐名投资中，虽然实际上隐名股东未被记录在公司章程中，但在一定条件下，隐名股东也能够被确认具有股东资格。另外，在公司依法成立后，因增资或继承而产生公司新股东时，变更公司章程上的股东是公司应尽的义务。然而，实践中公司往往怠于履行这一义务，因为变更公司章程必须经股东会决议，繁杂的程序易导致公司章程的变更迟延或未变更，从而导致公司章程存在纰漏，不利于股东资格的认定。

### 四、股东名册

股东名册是公司依法记载公司股东相关信息的簿册。股东名册在处理股东关系上应具有三方面的效力：①确定的效力，即实质上的权利人在尚未完成股东名册登记或者股东名册上的股东名义变更前，不能对抗公司，只有完成股东名册的登记或变更后，才能成为对公司行使股东权利的人；②推定的效力，即公司可以仅将股东名册上记载的股东推定为本公司的股东，给予股东待遇；③免责的效力，即公司依法对股东名册上记载的股东履行了通告、公告等必须履行的义务后，就可以免责。公司将股东记入股东名册，既是公司的权利，也是公司的义务。一般情况下，股东名册对于认定股东资格具有明显确定的意义，但未被记载于股东名册并不能必然否定其股东资格。如公司迟延或拒绝进行股东登记或错误登记，致使股东名册不全、不实，就属于公司的履行不当，不能因此否认股东资格。

### 五、公司登记机关登记

我国《公司法》第三十二条第三款规定，公司应当将股东的姓名或者名称向公司登记机关登记；登记事项发生变更的，应当办理变更登记。未经登记或者变更登记的，不得对抗第三人。该规定表明，公司登记机关的登记行为并没有创设股东资格，而是证权性登记，目的在于向善意第三人宣告股东资格、对抗善意第三人，以保障股东权益和市场秩序。未将实际股东进行登记并不影响其股东资格，其依然是公司股东，只是此种未登记的事实不能对抗善意第三人。此外，依据公示公信原则，为了维持公信力，在公司的对外责任上，即使登记中的股东并非实际出资人，其也应当承担责任。因此，在股东资格认定中，公司登记机关的登记或变更登记具有优先效力。

### 六、实际享有股东权利

具备股东资格是认定公司股东权利的前提和基础，而享有股东权利实际上是被认定为公司股东的结果。享有股东权利并不当然意味着具备股东资格。由于在实践中该主体已经实际享有并行使了股东权利，为了维护交易和保持公司稳定，在无违法违规的情况下，应当尽可能认定其股东资格，确认其股东身份，否则必将导致该主体在公司存续期间的行为自始无效，不利于维护公司及第三人的合法权益。在权衡各方利益后，对于实际享有股东权利的当事人，原则上应当认定其股东资格，但应责令其补办手续。

## 第二节　股东的出资方式分析

股东出资是指股东（包括发起人和认股人）在公司设立或者增加资本时，为取得股份或股权，根据协议的约定以及法律和章程的规定向公司交付财产或履行其他给付义务。

《公司法》第二十七条规定，股东可以用货币出资，也可以用实物、知识产权、土地使用权等可以用货币估价并可以依法转让的非货币财产作价出资；但是，法律、行政法规规定不得作为出资的财产除外。对作为出资的非货币财产应当评估作价，核实财产，不得高估或者低估作价。法律、行政法规对评估作价有规定的，从其规定。

## 一、货币出资

货币出资是法律关系最为简单、当事人间最少发生争议和纠纷的出资形式，只要当事人按约定的金额和时间将货币交付与公司或汇入公司的设立账户，出资义务即为履行。其原因在于货币出资直接表现为货币的金额，不涉及财产价值的评估，同时，作为一般等价物，货币出资只需简单地交付，不涉及特殊的权利移转形式。

货币出资的一个特别法律问题是能否以借贷资金作为公司注册资本。所谓以借贷资金作为资本或出资，包括两种情况：一是以公司为借款人对外借贷，并由公司承担还款责任；二是以股东为借款人对外借贷，并由股东承担还款责任。前者虽由股东联系安排借款使公司获得资金，却同时形成公司对外负债，股东并未实际地承担出资的责任，这种借贷出资应为法律所禁止。后者对股东来说是借贷资金，但对公司却不是借贷资金，并不形成公司负债，股东则实质上履行了出资的义务，只不过这种履行的条件是通过对外的负债而获得，因而这种借贷出资应得到承认和允许。

## 二、实物出资

实物出资，包括房屋、车辆、设备、原材料、成品或半成品等。用于出资的实物首先应具有财产价值，因而才可能进行出资额和资本额的界定。其次，出资的实物可以是公司经营所需，也可以与公司的经营使用无关，其允许用于股东出资在于公司可以对其变现支配并实现其财产价值。此种实物是否可以用作出资，应由股东协商确定。

## 三、知识产权出资

以知识产权出资的，股东或者发起人应当对其拥有所有权。也就是说，用于投资入股的知识产权必须同时具备两个基本条件：一是出资人拥有完全、合法、有效的相关知识产权权利，产权关系明晰；二是用于投资入股的知识产权具有一定的价值，可以依法转让。

### 四、土地使用权出资

土地使用权是公司实践中十分普遍而又重要的出资标的，由中国土地制度和土地使用权本身的特点所决定，又形成了对土地出资的以下特殊法律条件和要求：

第一，土地的出资是使用权的出资，而不是所有权的出资。公司对土地享有的权利是使用权，而不是所有权，当公司以土地出资的时候，所出资的标的是土地的使用权而不是土地的所有权。

第二，用于出资的土地使用权只能是国有土地的使用权，而不能是集体土地的使用权。如果集体组织欲以集体所有的土地对外投资，则必须首先将集体土地通过国家征用的途径变为国有土地，再从国家手里通过土地出让的方式获得国有土地的使用权，然后，才能进行有效的投资。

第三，用于出资的土地使用权只能是出让土地的使用权，而不能是划拨土地的使用权。以土地使用权出资，是土地使用者营利性的投资行为，因而只能以有偿取得的出让土地使用权出资，划拨土地的使用权只能由原使用人自己使用，而不能用于对外投资。

第四，用于出资的土地使用权应是未设抵押等权利负担、没有权利瑕疵的土地使用权；否则，将使投资者或股东的出资变得不实，在内部会损害其他投资者的利益，在外部则会损害公司债权人的利益。

## 第三节　股东的权利与义务履行

### 一、股东的权利

股东权，也称股权，是指股东基于其股东资格而享有的从公司获取经济利益并参与公司经营管理与监督的权利。公司是由股东出资组成的法人组织，股东将自己的财产交由公司经营管理，就应按其出资份额对公司享有一定的权利，同时按权利与义务相伴随原理，也对公司承担一定的义务。股东从向公司出资时起就自然享有股东权，这是股东对公司出资的一种对价。

《公司法》没有对股东权利作列举式规定，第四条有一概括性的表述，公司股东依法享有资产收益、参与重大决策和选择管理者等权利。从立法上看，《公司法》对股东权利的具体规定散见在有关章节的条文中。主要可归纳为以下方面：

（一）参与公司管理权

1. 出席股东会议及表决权

现代公司的股东一般不直接经营公司，出席股东会并行使表决权是股东参与公司经营管理的重要手段。股东会会议是为股东提供的参与公司经营管理的一个机会与场所，由全体股东组成。因此，每个股东不论大小都有权出席股东会，并行使表决权。《公司法》第三十六条、第九十八条均规定，公司股东会由全体股东组成。股东会是公司的权力机构，依照公司法行使职权。第三十七条、九十九条规定了公司几乎所有重大事项都必须由股东会决议，股东出席股东会，并有权通过表决来对有关事项作出是否同意的决定。有限责任公司的股东会会议由股东按照出资比例行使表决权，但是也允许公司章程安排表决权的行使方式；股份有限公司的股东按照所持有的股份数额行使表决权。

为保障股东这一权利的行使，各国设立了表决权代理制度，即股东因故不能或不愿参加股东会时，有权委托他人代为参加并代为行使表决权。《公司法》认可了股份有限公司的股东表决权代理制度，第一百零六条规定，股东可以委托代理人出席股东大会会议，代理人应当向公司提交股东授权委托书，并在授权范围内行使表决权。但未对有限责任公司的股东表决权代理制度，作出明文规定。

2. 提议权

持有公司股份一定比例的股东提议召开临时股东会（股东大会）或

董事会临时会议的权利。《公司法》第三十九条规定，代表 1/10 以上表决权的股东，提议召开临时会议的，应当召开临时会议。第四十条规定，有限责任公司董事会或者执行董事不能履行或者不履行召集股东会会议职责的，由监事会或者不设监事会的公司的监事召集和主持；监事会或者监事不召集和主持的，代表 1/10 以上表决权的股东可以自行召集和主持。对股份有限公司，第一百条第三项规定，股东大会应当每年召开一次年会。有下列情形之一的，应当在两个月内召开临时股东大会……单独或者合计持有公司百分之十以上股份的股东请求时。第一百零一条第二款：董事会不能履行或者不履行召集股东大会会议职责的，监事会应当及时召集和主持；监事会不召集和主持的，连续九十日以上单独或者合计持有公司 10％以上股份的股东可以自行召集和主持。第一百一十条规定，董事会每年度至少召开两次会议，代表 1/10 以上表决权的股东可以提议召开董事会临时会议。

3. 股东会提案权

在股份有限公司中，虽然股东在股东会上享有对公司重大事务的表决权，但股东会由董事会召集，股东会召集的事由以及决议事项通常由董事会决定，股东只能通过董事会所控制的股东会，对董事会提案内容表示赞成或反对，股东的地位十分被动。为了保障中小股东的权利，《公司法》规定了股东提案权。第一百零二条第二款规定，单独或者合计持有公司 3％以上股份的股东，可以在股东大会召开十日前提出临时提案并书面提交董事会；董事会应当在收到提案后两日内通知其他股东，并将该临时提案提交股东大会审议。临时提案的内容应当属于股东大会职权范围，并有明确议题和具体决议事项。

4. 选举权和被选举权

股东有权通过股东会会议选举公司的董事和监事，在股东的条件符合《公司法》规定的董事和监事的任职资格时，可依法定的议事规则被选举为公司的董事和监事。选举权与被选举权是股东通过股东会议参与公司经营管理的一项重要权利。其中选举董事是股东最关键的一项权利。

股份有限公司选举董事通常采用股东会普通决议方式，决议数按"一股一票"的资本多数决原则进行。因此，控股股东可独占董事会全体成员的任免权，并通过选举代表自己利益的董事来达到其控制公司的目的。其他小股东对董事的任免权则大为削弱。在"资本多数决"原则下，为保护中小股东的合法权益，使其选举出能代表自己利益的董事进入董事会，许多国家设立了累积投票制度。《公司法》也允许公司在董事、监事的选举上实行累积投票制，第一百零五条规定，股东大会选举董事、监事，可以依照公司章程的规定或者股东大会的决议，实行累积投票制。本法所称累积投票制，是指股东大会选举董事或者监事时，每一股份拥有与应选董事或者监事人数相同的表决权，股东拥有的表决权可以集中使用。

5. 质询权

股东享有通过股东会对公司经营提出质询的权利。《公司法》第一百五十条规定，股东会或者股东大会要求董事、监事、高级管理人员列席会议的，董事、监事、高级管理人员应当列席并接受股东的质询。

（二）资产收益权

资产收益权是股东直接从公司持有公司股份中获取的财产权利，也就是《公司法》第四条概括的"资产收益权"，具体包括以下方面：

1. 利润分配权

利润分配权也称股息、红利的分配权，是指股东有权按照出资或股份比例请求分配公司利润的权利。该权利是股东权利的核心，公司股息、红利是指向股东分配的公司净利润。因此，只有在公司有股息、红利可分配时，股东才能实际分得股息、红利。而且公司向股东分配股息、红利前须通过股东大会或董事会决议，该决议还不得违反《公司法》中关于股息、红利分配的限制。《公司法》禁止公司在弥补亏损和提取公积金前向股东分配利润，第一百六十六条第四款规定，公司弥补亏损和提取公积金后所余税后利润，有限责任公司依照本法第三十四条的规定分配；股份有限公司按照股东持有的股份比例分配，但股份有限公司章程规定不按持股比例分配的除外，第五款：股东会、股东大会或者董事会违反前款规定，在公司弥补亏损和提取法定公积金之前向股东分配利润的，股东必须将违反规定分配的利润退还公司。

行使利润分配权（分红权）、取得投资回报是股东投资兴业的主要目的。假定全体股东理性诚信，股东们在公司盈利时可基于对股东近期利益与远期利益的审慎权衡，共同博弈出合理可行的分红政策，因此公司是否分红、分红几何、如何分红，均属公司股东自治和商业判断的范畴，国家一般不予干预。

但近年来，公司大股东违反同股同权原则和股东权利不得滥用原则，排挤、压榨小股东，导致公司不分配利润，损害小股东利润分配权的现象时有发生，比如，公司不分配利润，但董事、高级管理人员领取过高薪酬，或者由控股股东操纵公司购买与经营无关的财物或者服务，用于其自身使用或者消费，或者隐瞒或者转移利润，这些严重损害了中小股东的利益和投资的积极性，同时也破坏了公司自治。为此，2017 年 8 月25 日由最高人民法院发布了《关于适用〈中华人民共和国公司法〉若干问题的规定（四）》（以下简称《〈公司法〉司法解释（四）》），目的在于加强股东权利的司法救济，依法保护投资者的积极性，妥善处理股东之间、股东与公司之间等利益冲突，尽可能避免公司僵局，为实现公司治理法治化，促进公司持续稳定经营提供司法保障。该解释对股东请求公司分配利润之诉作出了具体规定。

2. 股份转让权

股东依法转让自己持有的股份并从中获得对价的权利。从理论上来看，股份转让，首先表现为股东对个人财产的处分自由，所以当然是一种意思表示行为。不过关于股权转让的原因，基于不同的法政策考量而又不仅仅只限于转让股东自主意思表示下法律行为这唯一的一种。从具体法律规定来看，《公司法》对有限责任公司股东的股权转让和股份有限公司股东的股份转让的规定有所不同。

（1）有限责任公司的股权转让。有限责任公司股权转让的原因，分为对内转让、对外转让、强制转让、继承和异议股东回购请求。具体而言：

第一，有限责任公司股东之间的对内股权转让，因只对公司内部股东的股权结构产生影响，《公司法》第七十一条第一款规定，有限责任公司的股东之间可以相互转让其全部或者部分股权。所以股东之间的转让不受限制，可以自由转让其全部或部分出资，也无须其他股东同意。

第二，就有限责任公司股东股权对外转让而言，因有限责任公司兼具资合公司与人合公司的特点，股东之间的人身信用程度较高，股东内部关系的稳定对公司具有重要意义。因此，有必要对股东向股东以外的人转让股权作出限制。《公司法》第七十一条第二款规定，股东向股东以外的人转让股权，应当经其他股东过半数同意。股东应就其股权转让事项书面通知其他股东征求同意，其他股东自接到书面通知之日起满三十日未答复的，视为同意转让。其他股东半数以上不同意转让的，不同意的股东应当购买该转让的股权；不购买的，视为同意转让。关于"视为同意转让"的规定，实际上是为了保障股东对外转让股权的自由，对于该股权转让，其他股东要么同意该股东对外转让股权，要么自己购买该转让的股权，但不能绝对否定股东转让股权的意思。所以，优先购买权的设置效果，旨在保障有限责任公司人合性，让股东能自主决定是否允许外部人进入公司。

优先购买权的设置有利于维护有限责任公司的人合性，它对于股东利益保护，意义重大。但现有《公司法》只是概括性地规定，股东向公司股东以外的人转让股权时，其他股东享有在同等条件下优先购买转让股权的权利，但关于股东优先购买权的行使通知、行使方式、行使期限、损害救济等，都没有具体明确。就此，最高人民法院在《〈公司法〉司法解释（四）》中进行了补充。为了充分平衡股东对外转让股权的自由和其他股东的优先购买权，《〈公司法〉司法解释（四）》规定，有限责任公司的转让股东在其他股东主张优先购买后又不同意转让的，对其他股东优先购买的主张，人民法院不予支持。同时，为了防止转让股东恶意利用该规则，损害股东优先购买权，《〈公司法〉司法解释（四）》明确规定，转让股东未就股权转让事项征求其他股东意见，或者以欺诈、恶意串通等手段，损害其他股东优先购买权的，其他股东有权要求以实际转让的同等条件优先购买该股权。

《〈公司法〉司法解释（四）》还细化了行使股东优先购买权的程序规则：一是，规定转让股东应当以书面或者其他能够确认收悉的合理方式，将转让股权的同等条件通知其他股东。二是，股东优先购买权的行使期限，应当按照章程规定期限、转让股东通知期限和三十日最低期限的先后顺序确定。三是，判断"同等条件"应当考虑的主要因素，包括转让股权的数量、价格、支付方式及期限。就损害股东优先购买权的股权转让合同的效力问题，对此类合同的效力，《公司法》并无特别规定，不应仅仅因为损害了股东优先购买权就认定合同无效或撤销合同，而应当严格依照《合同法》规定进行认定。此类合同原则上有效，因此《〈公司法〉司法解释（四）》规定，人民法院支持其他股东行使优先购买权的，股东以外的受让人可以请求转让股东依法承担相应合同责任。

第三，除了以转让股东意志为转移的股权转让行为之外，在有限责任公司股权转让的原因中，还包括非以股东意志为转移的强制转让和因死亡发生的股权继承两种情形。《公司法》第七十二条规定，人民法院依照法律规定的强制执行程序转让股东的股权时，应当通知公司及全体股东，其他股东在同等条件下有优先购买权。其他股东自人民法院通知之日起满二十日不行使优先购买权的，视为放弃优先购买权。第七十五条规定，自然人股东死亡后，其合法继承人可以继承股东资格；但是，公司章程另有规定的除外。

第四，为了有效保护小股东利益，法律还专门规定了异议股东回购请求权制度。《公司法》第七十四条规定，有下列情形之一的，对股东会该项决议投反对票的股东可以请求公司按照合理的价格收购其股权：①公司连续五年不向股东分配利润，而公司该五年连续盈利，并且符合本法规定的分配利润条件的；②公司合并、分立、转让主要财产的；③公司章程规定的营业期限届满或者章程规定的其他解散事由出现，股东会会议通过决议修改章程使公司存续的。自股东会会议决议通过之日起六十日内，股东与公司不能达成股权收购协议的，股东可以自股东会会议决议通过之日起九十日内向人民法院提起诉讼。

（2）股份有限公司的股份转让。股份有限公司是典型的资合公司。不同于有限责任公司，谁持有公司的股份对股份有限公司和其他股东影响并不大，不会影响公司的存续和公司的经营，因此，股份可以自由转让。《公司法》第一百三十七条规定，股东持有的股份可以依法转让。

股份自由转让是股份有限公司股权转移的基本原则，但对于某些股东，由于其地位特殊，如发起人、作为股东的董事、监事和其他高级管理人员等，其自由转让股份可能会损害其他股东的利益，因此需要加以限制。另外，股份的转让可能涉及国家金融秩序甚至经济安全，所以，股份转让的场所也有必要加以监管。因此，股份自由转让原则也有例外，具体而言，在我国主要有以下规定：

第一，对股份转让的场所的限制。《公司法》第一百三十八条规定，股东转让其股份，应当在依法设立的证券交易场所进行或者按照国务院规定的其他方式进行。

第二，发起人所持有股份的转让限制。由于发起人对公司具有重要的影响，为了保护公司和其他股东、公众的利益，防止发起人利用设立公司进行投机活动，保证公司成立后一段时间内的稳定经营，各国公司法规定发起人的股份在一定时间内不得转让。《公司法》第一百四十一条第一款规定，发起人持有的本公司股份，自公司成立之日起一年内不得转让。公司公开发行股份前已发行的股份，自公司股票在证券交易所上市交易之日起一年内不得转让。

第三，公司董事、监事、高级管理人员所持股份转让的限制。《公司法》第一百四十一条第二款规定，公司董事、监事、高级管理人员应当向公司申报所持有的本公司的股份及其变动情况，在任职期间每年转让的股份不得超过其所持有本公司股份总数的 25%；所持本公司股份自公司股票上市交易之日起一年内不得转让。上述人员离职后半年内，不得转让其所持有的本公司股份。公司章程可以对公司董事、监事、高级管理人员转让其所持有的本公司股份作出其他限制性规定。这一限制，一方面为了防止该类人员利用内幕信息从事股票交易非法牟利，另一方面可以将其利益与公司的经营管理状况进行联系，促使其尽力经营公司事业。

3. 剩余财产分配权

如果公司依法终止清算后，还有剩余的财产，股东可以依《公司法》规定或公司章程的约定取得公司的剩余财产。

（三）股东知情权

"股东知情权是一项固有权利，行使知情权的主体是股东。"① 股东知情权是法律赋予股东通过查阅公司财务报告资料、账簿等有关公司经营、决策、管理的相关资料以及询问与上述有关的问题，实现了解公司运营状况和公司高级管理人员的业务活动的权利，是股东行使资产收益权利、参与公司重大决策以及选择经营管理者的前提和基础。依据《公司法》第三十三条规定，有限公司股东有权查阅、复制公司章程、股东会会议记录、董事会会议决议、监事会会议决议、财务会计报告和查阅会计账簿。第九十七条规定，股份有限公司股东有权查阅公司章程、股东名册、公司债券存根、股东大会会议记录、董事会会议决议、监事会会议决议、财务会计报告，对公司的经营提出建议或者质询。该权利主要表现为公司股东对与股东利益存在密切联系的公司信息的知悉权，股东可获知的信息，也就是可查阅的对象包括：公司章程、股东名册、公司债券存根、股东会（股东大会）会议记录、董事会会议决议、监事会会议决议、财务会计报告。

---

① 丁夕. 有限责任公司股东知情权探析［J］. 法制博览，2023，（35）：52.

## 二、股东的义务

股东义务，是基于股东身份产生的、股东对于公司所应承担的作为和不作为的义务。"有权利就有义务和责任，作为公司股东，应当根据出资协议、公司章程和法律、行政法规的规定履行相应义务并承担相应责任。"① 根据《公司法》规定，公司股东有如下义务：

（一）遵守公司章程的义务

公司章程是公司内部各项规章制度的统称，是公司对于其内部人员、活动予以规定、制度化的规则。《公司法》明确规定，公司章程对公司、股东、董事、监事、经理具有约束力。由此可以看出，遵守公司的章程是股东的一项基本义务，所有股东，不论其所占公司股份份额有多少，也不论其为原始股东还是继受股东，都应当遵守公司的章程。

（二）向公司出资的义务

所谓向公司出资就是指股东必须依照其认缴的出资额或认购的股份金额，按照约定的期限和条件向公司缴纳资本金或股款的义务。向公司出资是股东最基本和重要的义务，是股东的其他一切权利、责任、义务产生和存在的基础。股东不履行向公司的出资义务的行为，属于违法行为。

如果这种行为发生在公司成立前，就是属于违反了合同法的违法行为，其他已经履行出资义务的股东有权向其索赔经济损失；如果这种行为发生在公司成立之后，就属于违反公司法的违法行为，是侵害公司利益的行为，这时公司有权要求该股东履行出资义务，补齐缺少金额，并承担因此造成的经济损失。《〈公司法〉司法解释（三）》对此作了详细规定，为维护公司利益，该解释第十三条第一款规定，股东未履行或者未全面履行出资义务，公司或者其他股东请求其向公司依法全面履行出资

---

① 王栋. 新《公司法》解读公司股东权利、义务和责任的变化［J］. 检察风云，2024，(07)：28－29.

义务的，人民法院应予支持。

（三）对公司所负债务承担有限责任

股东享有公司剩余索取权的同时决定了他也对公司的债务负有相应的责任。但是和剩余索取权不同的是，股东对公司债务的责任会因公司的组织形式不同而有所不同。对于无限公司，股东对公司的债务负有无限责任，也就是股东对负债的责任并不是以其出资额为限；而对于有限责任公司和股份有限公司，股东则仅以出资额为限对公司的负债负责。《公司法》第三条规定，对于公司的债务，有限责任公司的股东以其出资额为限承担责任；股份有限公司的股东以其所持股份为限承担责任。

（四）不得抽回出资的义务

抽逃出资是指在出资完成后又抽回出资，公司法规定股东不得抽回资本的义务，是为了维持公司的正常运营并保护债权人利益，同时在公司正式登记之后股东不得抽回出资的规定也是资本维持原则的要求。《公司法》第二百条规定，公司的发起人、股东在公司成立后抽逃出资的，责令改正，并处以所抽逃出资金额 5％以上 10％以下的罚款；构成犯罪的，依法追究刑事责任。此条规定明确了股东不得抽回出资的义务。《〈公司法〉司法解释（三）》又对此作了详细规定，为维护公司利益，第十四条第一款规定，股东抽逃出资，公司或者其他股东请求其向公司返还出资本息、协助抽逃出资的其他股东、董事、高级管理人员或者实际控制人对此承担连带责任的，人民法院应予支持。为保护债权人利益，该条第二款规定，公司债权人请求抽逃出资的股东在抽逃出资本息范围内对公司债务不能清偿的部分承担补充赔偿责任、协助抽逃出资的其他股东、董事、高级管理人员或者实际控制人对此承担连带责任的，人民法院应予支持；抽逃出资的股东已经承担上述责任，其他债权人提出相同请求的，人民法院不予支持。所以股东若急需资金或欲转移投资风险，只能依法采取转让出资或股份的方式。

（五）避免财产混同的义务

股东有责任和义务使其自由财产和公司财产相分离，避免二者合二为一。二者之间的这种财产混同主要表现为股东利益和公司利益的统一化，也就是公司财产和股东财产边界模糊，两者在资源、设施、业务方面的混同。之所以要规定避免财产混同为股东的基本义务之一，是因为这种混同极易滋生欺诈行为，不利于投资者和公司相关者的利益保护。

（六）不得滥用股东权利损害公司或者其他股东的利益的义务

公司股东应当遵守法律、行政法规和公司章程，依法行使股东权利，不得滥用股东权利损害公司或者其他股东的利益。根据《公司法》第二十条、第二十一条的规定，公司股东滥用股东权利给公司或者其他股东造成损失的，应当依法承担赔偿责任。主要有两种情形：①不按照《公司法》的规定、公司章程的约定行使股东权利，直接损害其他股东利益；②股东与公司之间的关联交易等形式，损害公司利益，从而间接损害其他股东利益。该条款规定一般被认为是股东诚信义务的请求权基础。

## 第四节 公司治理的结构及其内容

### 一、公司治理的结构

公司治理结构，从广义上讲，是指有关公司控制权和剩余索取权分配的所有法律、制度确定的权责关系；从狭义上讲，是指股东会、董事会、监事会和高级管理人员各负其责、协调运转、有效制衡的权责关系。

（一）股东会或者股东大会

股东会是由全体股东组成的有限责任公司的权力机构；股东大会则是由全体股东组成的股份有限公司的权力机构。

股东会或者股东大会的职权就是根据公司法和公司章程的规定，股东会或者股东大会能够决定的公司基本事宜。根据权力的来源不同，股东会或者股东大会的职权可以分为法定职权、章程所定职权和其他职权。

股东会或者股东大会的法定职权就是由公司法直接规定的职权，它不能通过公司章程、股东会或者股东大会决议进行改变；章程所定职权是公司章程确定的股东会或者股东大会的职权，只有通过修改章程的形式才能进行变更；股东会或者股东大会的其他职权是由某种特别原因临时确定的职权。

1. 法定职权

股东会和股东大会职权相同，包括：①决定公司的经营方针和投资计划；②选举和更换非由职工代表担任的董事、监事，决定有关董事、监事的报酬事项；③审议批准董事会的报告；④审议批准监事会或者监事的报告；⑤审议批准公司的年度财务预算方案、决算方案；⑥审议批准公司的利润分配方案和弥补亏损方案；⑦对公司增加或者减少注册资本作出决议；⑧对发行公司债券作出决议；⑨对公司合并、分立、变更公司形式、解散和清算等事项作出决议；⑩修改公司章程；⑪公司章程规定的其他职权。

有限责任公司的股东对前款所列事项以书面形式一致表示同意的，可以不召开股东会会议，直接作出决定，并由全体股东在决定文件上签名、盖章。

2. 章程所定职权

公司股东会或者股东大会行使公司章程规定的其他职权。也就是说，公司章程可以规定除股东会或者股东大会法定职权之外的其他职权。

3. 其他职权

《公司法》第一百零四条规定，本法和公司章程规定公司转让、受让重大资产或者对外提供担保等事项必须经股东大会作出决议的，董事会应当及时召集股东大会会议，由股东大会就上述事项进行表决根据以上规定，非上市股份有限公司的章程可以规定，公司转让、受让重大资产或者对外提供担保等事项必须经股东大会作出决议，将这些纳入股东大会的职权范围。

（二）董事与董事会

1. 董事

董事是指由股东会或者股东大会、公司职工民主选举产生或者直接由出资人委派的，管理和监督公司事务的董事会人员。

董事可分为专职董事和兼职董事。专职董事，又称为内部董事，是指在公司担任高级管理职务和其他兼职的公司董事；兼职董事，又称为外部董事，是指只是在公司担任董事职务，而没有其他任何职位且有公司外的其他职务的董事。兼职董事可能与公司之间存在利害关系，也可能没有利害关系。与公司没有利害关系的兼职董事或者外部董事被称为独立董事。

2. 董事会

董事会是由全体董事所组成的，有决定公司业务执行权限的公司法定、常设的集体业务执行机关。

董事会的职权包括：①召集股东会会议，并向股东会报告工作；②执行股东会的决议；③决定公司的经营计划和投资方案；④制订公司的年度财务预算方案、决算方案；⑤制订公司的利润分配方案和弥补亏损方案；⑥制订公司增加或者减少注册资本以及发行公司债券的方案；⑦制订公司合并、分立、解散或者变更公司形式的方案；⑧决定公司内部管理机构的设置；⑨决定聘任或者解聘公司经理及其报酬事项，并根据经理的提名决定聘任或者解聘公司副经理、财务负责人及其报酬事项；⑩制定公司的基本管理制度；⑪公司章程规定的其他职权。

（三）经理等高级管理人员

经理，又称为经理人，是由董事会聘任的、负责组织公司日常经营管理活动的公司常设执行机关。与股东会或者股东大会、董事会、监事会不同，经理机关不是会议形式的机关，其行为不要通过会议以多数原则形成意思和决议，而是以担任经理的高级管理人员的最终意思为准。公司高级管理人员，是指公司的经理、副经理、财务负责人、上市公司董事会秘书和公司章程规定的其他人员。所以，经理是公司高级管理人员中的负责人，其他高级管理人员协助经理工作。

（四）监事与监事会

各国公司法对监事会这一机构的称谓不同，有的称之为监事会，有的称之为监察委员会，也有的称之为监察人。尽管称谓不同，但其实质并没有差别。监事会是对公司业务执行活动进行监督和检查的公司机构。我国一般有限责任公司和股份有限公司必须设立监事会，但股东人数较少或者规模较小的有限责任公司，可以设一至两名监事，不设立监事会。

## 二、公司治理的内容

（一）内部控制

内部控制是公司治理的基础，它涉及公司财务、运营、合规等方面的管理。建立健全的内部控制体系，有助于降低公司经营风险，提高运营效率。内部控制应包括以下方面：

第一，财务内部控制：建立严格的财务管理制度，确保财务报告的真实、准确、完整。加强内部审计和风险管理，及时发现并纠正财务违规行为。

第二，运营内部控制：规范公司业务流程，确保业务活动的合规性和有效性。加强对关键业务和关键岗位的监控，防止权力滥用和腐败现象的发生。

第三，合规性管理：确保公司遵守国家法律法规和行业规范，加强合规性培训和教育，提高员工的合规意识。

（二）董事会治理

董事会作为公司治理的核心机构，其治理水平直接影响公司的决策质量和运营效率。有效的董事会治理应包括以下方面：

第一，董事会独立性：确保董事会成员具有独立的判断能力和决策权，避免与大股东或管理层之间的利益冲突。

第二，董事会专业性：提高董事会成员的专业素质和能力水平，确保他们能够为公司提供有价值的建议和决策支持。

第三，董事会监督功能：强化董事会对管理层的监督作用，确保管理层按照公司利益和股东权益行事。

第四，董事会决策机制：优化董事会决策流程，提高决策效率和效果。确保重大决策经过充分讨论和审议，形成科学、民主的决策结果。

（三）股东监督与权益保护

股东作为公司的所有者，有权对公司经营进行监督和提出建议。有效的股东监督与权益保护是公司治理的重要组成部分，包括以下方面：

第一，股东权利保护：明确股东权利，确保股东能够依法行使知情权、参与权、表决权等。同时，加强对股东权利的保护，防止大股东或管理层侵犯小股东利益。

第二，股东大会制度：完善股东大会制度，确保股东能够充分参与公司治理和重大决策。加强股东大会的召开和议事规则制定，提高股东大会的透明度和公正性。

第撒布，股东代表会制度：建立股东代表会制度，代表股东行使监督权和建议权。通过股东代表会加强与股东之间的沟通联系，提高公司治理的民主性和参与度。

（四）信息披露与透明度

信息披露与透明度是公司治理的重要原则之一，它有助于增强公司信誉度、提高市场信任度并吸引更多投资者。有效的信息披露与透明度应包括以下方面：

第一，定期报告制度：按照相关规定定期编制和发布财务报告、经营报告等，确保信息的及时性和准确性。

第二，公告制度：对重大事项进行及时公告，确保信息的公开性和透明度。加强对公告内容的审核把关，防止虚假信息的传播。

第三，投资者关系管理：加强与投资者的沟通和交流，及时回应投资者的关切和疑虑。通过投资者关系管理提高公司的市场形象和声誉。

（五）公司道德与文化建设

公司道德与文化建设是公司治理的重要内容之一，它涉及公司的价值观、经营理念、行为准则等方面。良好的公司道德与文化有助于提高员工的凝聚力和归属感，增强公司的社会责任感和公众形象。因此，公司应注重以下方面的建设：

第一，建立健全的价值观和经营理念：明确公司的核心价值观和经营理念，并将其贯穿于公司的各项工作中。通过教育培训等方式提高员工对公司价值观和经营理念的认同感和执行力。

第二，加强员工行为准则建设：制定员工行为准则并加强宣传教育，确保员工遵守公司的规章制度和职业道德规范。对于违反行为准则的员工进行严肃处理并加强警示教育。

第三，积极参与社会公益事业：通过参与社会公益事业提高公司的社会责任感和公众形象。同时加强与社会各界的联系与合作共同推动社会进步与发展。

# 第八章　数字时代下的法律规制研究

## 第一节　网络虚拟财产的法律属性

### 一、网络虚拟财产属于物权客体的范畴

#### （一）概念层面

网络虚拟财产本身具有客观存在性，类似于网络本身，即使未与个人产生直接交互，仍然存在，并不受个体意愿左右。尽管传统的物权理论依然坚持有形性的特征，认为物必须占据一定的空间，具备有形性，然而科技的迅猛发展已经对现有法律提出了许多挑战和冲击。物的范畴不再受限于有形或有限的范围，更应从权利外观的角度来考虑，以更好地适应时代的变革。

随着科技的进步，对物的认知范畴逐渐扩大，不再仅限于有形或有限的范畴。现代法律体系应当更注重对权利外观的关注，而不是仅仅关注物的物理性质。举例而言，美国将电子邮箱视为动产，因为个体对其形成了排他支配，这种观念得到了法律体系和社会的广泛认可。在法律的制定中，不能仅仅考虑法理性，还应与时代发展和社会观念相结合，以更好地适应不断演变的社会需求。现代国家法律已经认可空间作为一种物的形式，这是物的概念扩张的必然结果。

物的概念是一个动态的过程，其内涵和外延可以不断扩散，以适应

经济社会的发展。这个过程并不是僵死、静止的，而是随着社会的演进而不断调整。在不动摇物权制度的根基和物的基本思想的前提下，对物的概念的修补是被允许的。在物权范畴内，法律对于新兴事物的认定是灵活的。

传统的物通常需要一定的物理空间，这是可以被观察到的，而网络虚拟财产的存在同样需要一定的空间。尽管这样的空间不同于传统有形物体的观察空间，但是在储存方面，网络虚拟财产同样需要特定的磁盘或硬盘空间。虽然这样的空间无法被感知，但如果缺乏这样的空间，网络虚拟财产的储存将无法进行。从这个角度来看，网络虚拟财产的存在具有一定的空间要求，即使与真实空间不同，但仍然存在共同之处。因此，将网络虚拟财产解释为有体物，并将其认定为物权客体，是较为合理的。

（二）特征层面

网络虚拟财产的产生需要用户和运营商的共同努力，用户在行使相关权能时拥有排他性，不受外界干涉，在合法范围内随意使用自身权利，他人必须为用户的权利行使承担相应的被动义务。这种排他性的体现在于用户的账号只能由其自己使用，他人须得到用户同意方可使用，违反则构成违法行为。

用户拥有网络虚拟财产的私有性，从而引发了大量的相关案件。用户间庞大的交互群体不可避免地会产生争议，而用户之间能够如此行使权利的基础在于网络虚拟财产本身具备排他性和支配性。用户依法行使权利的依据，实质上是对网络虚拟财产排他性和支配性的认同。这种观点在现代法律中得到了广泛的认可和支持。

对于运营商而言，在不涉及用户合法权益的情况下，同样拥有类似的排他权利。运营商需要按照协议提供服务，第三方不得非法入侵，违者将受到法律的制裁。这表明运营商在网络虚拟财产方面也拥有排他的权利。在支配方面，运营商对网络虚拟财产的限制权力较大，通过对网络的限制，可以直接影响到网络虚拟财产。此外，对网络服务器上的数据的管理权，以及对用户手上网络虚拟财产的管理权，都体现了运营商和用户在支配方面的权利。同样，黑客凭借技术手段对网络虚拟财产进行接触和管理，虽然可能不属于本人所有，但这也显示了网络虚拟财产是可被支配的。

（三）从类型层面分析

第一，账号。在互联网时代，用户参与在线活动大多通过账号进行，即便当前账号与个人的绑定尚不十分深入，整体趋势表明账号的个人专属性日益增强。由于互联网的客观存在，用户参与需要一种通行证，而这就是账号。从这一角度看，网络账号的个人专属性是互联网运行逻辑的产物。鉴于账号归属于用户，同时占据一定的虚拟空间，尽管与传统空间有所不同，但仍在可解释的范围内，因此，将账号类型的网络虚拟财产纳入物权客体范畴十分合理。

第二，网络道具。这类道具主要通过两种途径获取：一是通过实际货币购买，类似于现实中购物的概念；二是通过付出时间或劳动进行获取。通过货币购买的网络道具与现实中购买的动产具有相似性，而网络上不存在不动产，因此通过货币购买的网络虚拟财产可被划归为动产，属于物权客体。对于通过时间或劳动获取的网络道具，其本质上与通过货币购买的网络虚拟财产无异，这使得这两种途径获取的网络道具在物权客体范畴上达成一致。

第三，网络虚拟财产。虚拟货币可分为两类：一类是只能在特定环境中使用的，例如游戏币；另一类是类似比特币等可进入现实交易的虚拟货币。对于前一种货币，其本质上与前文提及的网络道具相仿，因其在特定环境下使用，具有媒介属性，从而属于物权客体。而对于第二类虚拟货币，其更类似于一种等价物，锚定了一定的价值属性，与现实货币有着一定的兑换比例，因此，可将其视为物权客体。

## 二、网络虚拟财产应认定为具有物权属性

"随着互联网信息技术的发展，网络虚拟财产应运而生。网络虚拟财

产权具备权利的支配性特征，因此网络虚拟财产权具有物权属性。"①

（一）与债权属性比较

与债权属性的比较在网络虚拟财产的法律定位中起到关键作用。支持网络虚拟财产具有债权属性的观点主要基于用户和运营商之间的服务协议，将其视为债权关系的产物。然而，通过比较债权属性，可以得出网络虚拟财产更适宜被认定为具有物权属性的结论。这一观点的立足点在于服务协议，即用户和运营商之间在接入网络平台前已经达成一致的网络服务协议。根据这一协议，用户在网络平台上的操作被认为是对运营商发出的指令，而运营商的回应则表现为给付。因此，此种关系被视为债权属性，其指向对象是网店，但客体实际上是行为，即先前签订好的网络服务协议。然而，将网络虚拟财产的法律关系误认为是其本身的产物，将服务协议和网络虚拟财产混淆在一起，实际上是对网络虚拟财产的客体属性产生了误解。

网络虚拟财产是实实在在的物，与网店一样，是客观存在的。与债权不同，债权的客体是行为而非物，只能是一种权利的体现。服务合同的签订更类似于一种前置条件，是必须履行的，而不同于物权的客体属性。债权观点误将网络虚拟财产的法律关系误认为其本身的产物，混淆了网络虚拟财产的客体属性问题。相比之下，将其认定为物权属性则能更清晰地解释网络虚拟财产的实质，逻辑上更为自洽，更具优势。

债权的相对性规则源自罗马法，主要表现在债权人的权利只能限定在债务人的范围之内，对第三人没有效力。这是因为债的产生需要双方合意和一定的条件，而且交易的信息难以被第三人获知。与此不同，网络虚拟财产的服务协议具有一定的公示性和告知义务，使得第三人能够了解网络虚拟财产的归属和相关内容，突破了债权的相对性。这种对抗第三人的效力与物权属性相契合，与债权属性形成了鲜明的对比。

实际中，用户和第三人之间关于网络虚拟财产产生的法律关系难以

---

① 付海曼. 论网络虚拟财产的继承 [J]. 广西质量监督导报，2021（3）：268.

划定为债权债务关系。相较之下，将网络虚拟财产认定为物权属性能够更好地解决相关问题。此外，从刑法的角度看，将网络虚拟财产视为物权属性也更符合法律规定，例如刑法规定盗窃的客体是所有权，而不是债权。如果将网络虚拟财产定性为债权，将面临无法解释的法律逻辑和现实矛盾。因此，综合考虑网络虚拟财产的公示性、告知义务、对抗第三人的效力以及刑法规定，将其认定为具有物权属性更为合理。

（二）与知识产权属性比较

知识产权作为一种创造性的智力成果，包括商标权、专利权和著作权等三大块，其核心观点在于对创造性的保护。然而，网络虚拟财产与商标权、专利权以及著作权的关系需要进行深入分析。

商标权主要通过行政方式进行申请，而网络虚拟财产并不符合商标权的申请条件，因此排除了属于商标权的可能性。剩余两个选择是将其认定为专利权的一种或者是一种新型的创造性智力成果。然而，通过对比网络虚拟财产和专利的性质，发现它并不具备专利的技术性，用户在其中并没有创造性地投入，也没有通过法律确定其地位的过程。因此，网络虚拟财产不属于专利权的客体。另外，作品是传达思想和情感的创造性智力成果，而网络虚拟财产并不能表达用户的独创性思想或情感。因此，将其认定为著作权的客体也是不切实际的。

最后一个选择是将网络虚拟财产认定为一种新型的创造性智力成果。然而，这会涉及对现有法律进行补充完善并提供新的解释路径。当前的知识产权体系经过长时间的发展和考验，而网络虚拟财产出现的时间较短，贸然增设新的种类可能会引发更多问题。因此，网络虚拟财产在知识产权未来的发展中难以找到合适的位置。在知识产权属性上，网络虚拟财产无法容身，而在物权属性上却能在概念、特征以及类型方面都能表现一定的适应性，这说明如果将其认定为物权属性，是能在其中找到适合的位置的。

与知识产权相比，无论是账号、网络店铺还是电子信箱，都不是用户独创性思想和情感的表现。用户在网络的使用中取得网络虚拟财产，这种使用和取得是机械式的，其他用户也有可能获取到相同的虚拟财产，不存在独创性。虚拟财产的创造性主要体现在技术要素上，由运营商或开发商通过设计、编程等技术手段在网络空间里搭建网络平台，这些技术要素是具有创造性的。然而，虚拟财产的生成还涉及社会要素，通过相关协议将用户和运营商双方拉入其中，使虚拟财产真正产生。由于虚拟财产具有价值性和工具性，社会普遍认可它的基础在于这两个方面。相比之下，物权属性对创造性的要求较低，这方面的考虑在物权属性上更为合理。

## 第二节　人工智能在行政执法中的应用规制

人工智能技术进步和产业发展及其在经济社会生活各方面的广泛运用，对传统法律关系理论带来挑战。其中，人工智能的法律主体地位问题是相关制度设计最为重要的理论基础。"传统行政执法在人工智能时代正在受到挑战。智能算法、执法数据安全、执法主体责任、行政执法行为预测等都将在人工智能的辅助下变得更加智能，一言以蔽之，人工智能时代必将深度参与并改变传统行政执法模式、执法理念和执法效果。"① 关于人工智能法律主体地位的讨论和研究，在法理学和民事、刑事领域比较充分，而在行政领域才刚刚起步。想要研究人工智能在数字法治政府中的应用情况，进而对人工智能的行政法地位问题进行研究，并对相关的风险规则和制度规范进行思考，行政执法无疑是一个典型场景，可以作为理论研究和制度设计的重要切入点。

### 一、人工智能在行政执法中的法律地位

要讨论人工智能在行政执法中的现实应用及长远发展，法律主体地

---

① 邓晔，王晨屹，洪琨凯. 人工智能时代行政执法问题研究 [J]. 宜春学院学报，2023，45（4）：31—36.

位是绕不开的话题。在积极推动人工智能在行政执法中的实际应用并肯
定其积极意义的同时,需要客观看待、理性分析现阶段人工智能在行政
执法中的法律地位。行政执法机关在运用人工智能技术进行执法的过程
中,普遍面临法律规范缺位、算法解释机制缺位、执法责任主体缺位及
政府规制工具缺位等问题,需要基础法律理论研究及时跟进。近年的执
法实践和研究成果也表明,人工智能由于算法自身的自动性、复杂性和
模糊性等特征,加上在行政执法的应用中法律地位不明确,对依法行政、
正当程序、行政公开和行政公平等现代行政法治原则带来的挑战不容忽
视。因此,有必要立足当下、展望未来,结合现有的人工智能法律地位
学说,对人工智能在行政执法中的法律地位进行客观、理性的分析和
研究。

(一)现阶段人工智能尚不能成为行政执法主体

从法理学、民法学和刑法学的角度来看,对于人工智能在法律体系
中的地位,存在着主体说和客体说两种主要观点。而在行政执法领域,
对于人工智能是否具备成为行政执法主体的资格,需要考虑行政执法主
体的特性和法律体系的规定。在我国,行政执法主体的确定是根据组织
是否具备独立行使行政职权、能否代表国家行使职权以及是否能够参与
行政诉讼等方面来进行评判。行政执法主体通常包括行政机关以及受法
律法规、规章授权的组织,其主要职责是制定行政法律关系的规则,维
护行政相对人的合法权益。因此,行政执法主体的资格是受到法律明确
规定的,而人工智能目前尚未获得这种法律地位。

从法理角度和行政执法主体理论出发,尽管人工智能技术在行政执
法中发挥着越来越重要的作用,但在法律未明确授予其行政执法主体资
格的情况下,人工智能无法拥有行政执法主体的法律地位。这意味着,
人工智能虽然可以参与行政执法活动,但其行为和后果应当由法定的行
政机关和组织来承担。这是因为行政执法活动涉及公共权力的行使,需
要明确的法律主体来负责和承担相应的责任。在当前阶段,人工智能虽
然可以辅助行政执法,但不能取代行政机关的地位和职责。

当然，尽管目前的人工智能尚未具备成为行政执法主体的资格，但随着技术的不断发展和进步，未来可能会出现超强人工智能，这种人工智能具备了替代行政机关进行行政执法活动的潜力。在这种情况下，国家可以通过立法的方式明确规定或者通过法律法规、规章的授权形式，赋予人工智能在特定领域的行政执法主体资格。然而，这需要对人工智能的技术、伦理、社会影响等方面进行深入研究和评估，并且需要充分考虑人工智能代替行政机关可能带来的风险和挑战。

在当前阶段，人工智能还不能成为行政执法的主体，其在行政执法活动中的作用主要是辅助性的。行政执法主体的确定应当受到法律的明确规定，而人工智能尚未达到具备这种资格的水平。然而，随着人工智能技术的不断发展和完善，未来可能会出现对其行政执法主体资格的重新评估和探讨，这需要在充分考虑技术、法律和社会等多方面因素的基础上进行。

（二）人工智能可能影响到执法合法性和合理性

人工智能技术在行政执法中的应用，尤其是诸如电子技术监控设备等的使用，标志着一种初级但典型的人工智能在行政领域的落地。《中华人民共和国行政处罚法》的修订对于电子技术监控设备的标准、设置、记录违法事实的要求以及审核程序等方面进行了规范，强调了人工智能技术应用在行政执法中所需遵循的程序和规范。尽管在法律和实践层面，对于人工智能技术在行政执法中的运用已经形成了一定的共识，但是人工智能的应用也带来了一些潜在的影响，尤其是对执法合法性和合理性的可能影响。

首先，尽管人工智能在行政执法中的应用需要遵循一定的程序和规范，但是由于技术本身的局限性，例如数据更新不及时、设备老化、算法设计缺陷等问题，可能会导致人工智能的计算出现偏差，执法参考意见出现错误。这种情况下，人工智能的应用可能会影响行政执法的准确性和合理性，进而影响行政处罚的合法性。特别是在涉及行政处罚等涉及行政主体与行政相对人之间关系紧张的情况下，如果人工智能技术出现了错误的执法建议，可能会使得行政相对人对于处罚决定的合理性和合法性质疑，进而影响到行政执法的公信力和效果。

其次，尽管人工智能在目前阶段还不具备行政执法主体的资格，但在一定程度上，人工智能技术已经具备了相对独立地提出执法建议的能力。这种能力使得人工智能在行政执法中发挥着一定的作用，但也带来了一定的风险。因为在人工智能提出的执法建议中，可能存在着不完全符合法律精神和原则的情况，导致执法建议的合理性和合法性受到质疑。尤其是在涉及行政处罚等具有重大影响的决定时，如果人工智能提出的执法建议不够准确和合理，可能会对行政执法的合法性和合理性造成影响，从而影响到行政执法的效果和公信力。

尽管人工智能技术在行政执法中的应用为提高执法效率和准确性带来了新的可能性，但也存在着一定的风险和挑战。特别是在涉及行政执法的合法性和合理性问题时，人工智能的应用可能会受到更多的关注和挑战。因此，需要在进一步推动人工智能技术在行政执法中的应用的同时，加强对其潜在影响的监管和控制，以确保行政执法的公正、合法和合理。

**二、人工智能在行政执法中的实践应用**

我国在人工智能的实际应用方面持比较积极的态度，特别是在"智慧法院"建设等法律人工智能领域，已经处于世界领先地位。在积极、开放、包容的政策导向下，人工智能等新技术在我国的研究开发和成果转化以及在行政许可、日常监管、行政处罚等行政执法领域的实际应用，拥有比较宽松的制度环境和实践氛围。积极推动人工智能在行政执法中的应用，符合以数字技术为基础的国家战略发展方向，有利于推动数字法治政府建设。

在当前阶段，人工智能等新技术在行政执法中的应用呈现出明显的特点，主要集中在行政许可、日常监管和行政处罚三个重点领域。这些领域的应用不仅体现了技术的创新性和前瞻性，也在一定程度上提高了行政执法的效率和准确性。

第一，行政许可领域是人工智能应用的重点之一。《中华人民共和国行政许可法》中的便民和效率原则为人工智能在该领域的应用提供了法律依据。行政许可审查作为行政许可实施的核心步骤，对于许可决定的结果具有至关重要的影响。近年来，一些国务院部门和地方政府已经开始将人工智能技术引入行政许可审查中。通过人工智能模型，可以将各种法律法规和条件标准嵌入审查程序，从而实现对申请材料的受理、甄别以及许可决策的自动化处理，为行政许可的高效办理提供了技术支持。

第二，日常监管领域也是人工智能应用的重要领域之一。传统的公安、市场监管等执法领域以及新兴的网络信息等领域，都可以通过智能化监管系统和预警系统实现对监管对象的智能化监控和分析。通过对信息数据的分析和解读，智能系统可以自动识别监管对象的违法行为，并根据法律法规的规定进行自动报警和跟踪。这种智能化的监管方式不仅提高了监管效率，还能够更加精准地评估行为的性质，为后续的行政处罚提供基础信息。

第三，行政处罚领域是人工智能应用的又一重点领域。人工智能在行政处罚中的应用主要体现在调查取证、处罚决定和处罚执行三个环节。在调查取证环节，交通管理部门通过智能技术对机动车违章行为进行监控，实现对违法事实的固定记录。在处罚决定环节，一些地方推出了自动量罚系统，可以根据案情自动生成行政处罚建议，为执法人员提供参考。在处罚执行环节，人工智能技术可以跟踪监督受处罚的行政相对人的履行义务情况，评估法律执行效果，并对再次违法可能性进行评估。

### 三、人工智能行政执法相关的制度规范

考虑到当前条件下人工智能在行政执法中尚无明确的法律地位，还不能成为行政执法的主体，无法对外承担行政法律责任，同时在行政执法中应用的人工智能技术和设备也有其本身的特点，可能对行政执法合法性、合理性带来影响，可以从以下方面完善相应的风险规则和制度

规范：

（一）明确辅助地位

第一，进一步完善人工智能参与行政执法的程序，明确其在行政执法工作和执法决策中的辅助作用。同时，明确界定可以通过人工智能决策分析的事项范围，避免行政执法机关和执法人员对人工智能的过度盲从和依赖。

第二，区分不同行政执法类型中行政机关裁量空间的大小，决定是否允许采取人工智能算法辅助相应的行政执法行为。对于类似接收材料、证据收集等辅助性、技术性事项，易于数据化、类别化的事项以及其他不涉及相对人重大利益的简单事项，可以允许人工智能的应用；而对于情况较为复杂或重大的行政管理事项，应对人工智能的应用进行谨慎评估。

第三，寻求依法行政原则与人工智能算法决策平衡，通过合理确定人工智能参与行政执法的边界和范围，重点发挥人工智能自动决策克服行政恣意、防止裁量权滥用的功能。同时，强调行政执法机关及其执法人员在行政执法中的主体地位以及利用人工智能算法作出行政执法决策的责任后果，防止行政执法权力由技术机构及其技术专家"垄断"，以及行政机关及其有关责任人员借口算法黑箱、数据误差等理由推卸行政执法决策责任。

（二）完善程序要求

第一，明确设定规则和审核要求。修订后的《中华人民共和国行政处罚法》规定，行政机关依照"法律、行政法规"规定利用电子技术监控设备收集、固定违法事实的，应当经过法制和技术审核。该规定类似于德国行政程序法关于全自动行政行为的法律保留原则，实际上是在立法上对行政处罚中技术运用的限制。通过立法权限要求和法制审核程序，确保行政执法机关及其执法人员对技术的掌控和矫正。这一规定可为其他行政执法领域应用人工智能的相关制度设计提供参考。

第二，明确告知义务和同意规则。人工智能在行政许可、日常监管、行政处罚等领域的应用，直接涉及行政相对人的权利义务，要充分尊重当事人的知情权。基于知情权的延伸，行政相对人还应在一定程度上享有是否允许人工智能技术介入算法决策程序的选择权。现行法律对行政相对人的知情规则已有一些规定，但"相对人同意"原则相关的制度体系还有待完善。为充分保障行政相对人的合法权益，对涉及相对人处分已有权利和隐私的，可以逐步设置当事人同意的程序。

第三，明确救济途径和程序转换。算法决策风险需要相应的规制和救济机制以及公开、公平和责任等理念。要通过公开、公示等渠道，确保人工智能行政执法中行政相对人陈述申辩、获得解释和要求听证的权利，比如，赋予其对重大事项随时要求人工智能执法介入的权利。行政相对人对应用人工智能作出的行政执法决定不服提出申诉和申请行政复议的，不宜再利用人工智能进行审查，而应进入人工处理程序。

（三）构建归责原则

我国目前尚缺乏一套有效的社会治理体系将技术违法的成本内部化。结合现阶段人工智能还不能成为行政执法主体的分析，在确定人工智能参与的行政执法中有关法律责任的承担主体和承担方式时，宜采取"内外有别"的归责原则，在保护行政相对人合法权益的同时确保法律责任合理分担。

第一，利用人工智能技术作出的行政执法行为出现明显不合理和违法情况，对行政相对人造成损害的，按照"对外原则"，由行政机关在行政复议、行政诉讼中作为被申请人和被告，承担相应的赔偿责任。

第二，关于人工智能行政执法的内部责任分配，按照"对内原则"，主要涉及两个方面：①审核责任。对于人工智能技术的应用是否符合相应的设定权限和设置标准以及人工智能获取的执法信息和出具的执法建议，行政机关及其执法人员应当负有相应的审核职责。未依法履行审核职责导致行政执法行为违法的，由负有责任的领导人员和直接责任人员承担法律责任。②技术责任。人工智能技术应用于行政执法后，除了基础设备和计算模型外，影响行政执法行为合法性、合理性的要素还包括数据供给、深度学习和个案信息等因素，对人工智能技术及其设备的失误乃至错误进行判断难度较大。在此情况下，需要行政执法机关和人工智能技术、设备的供应方通过周密的合同条款，明确双方的权利义务关系，并将技术原因导致的行政执法行为违法等责任的内部承担方式予以明确。行政执法机关在对行政相对人履行赔偿等责任后，对涉及人工智能技术、设备供应方责任的，可以通过民事、行政等途径追究其相应的责任。

总之，随着人工智能的应用场景逐步扩大，有必要对人工智能应用涉及的行政法律关系，特别是各类权利、义务、责任等问题进行深入研究。人工智能在行政执法等行政管理领域的运用是实践所需、大势所趋。需要通过理论研究和实践创新，推动有关法律法规对行政领域人工智能的应用条件、范围、程序等作出规定，明确相关的责任主体和具体的法律责任，以科学、合理的制度规范确保人工智能行政领域应用的效益最大化和风险最小化，切实发挥人工智能应用在提高行政效率、规范行政程序、维护行政相对人合法权益等方面的积极作用。

## 第三节 国家互联网信息安全的风险防范与规制

互联网信息安全事关国家安全、社会稳定、经济发展和文化建设等各个领域，已经成为全球关注的热点问题。

### 一、国家互联网信息安全的风险防范

国家互联网信息安全的风险防范是一项至关重要的任务，涉及国家安全的互联网信息在其传输过程中，关乎国家的安全和利益。鉴于任何国家都需要确保与其自身安全相关的基本环境，政府机关也需要保留一定的权力，以确保安全和效率之间的平衡。在这种情况下，对于敏感的、涉及国家安全与利益的信息，若毫无保留地在互联网上公开，将与最终

保护人民利益的目标相冲突。因此，各国法律普遍将国家秘密排除在政府信息公开范围之外。然而，这并不意味着绝对禁止公开国家秘密信息，而是规定了公开国家秘密信息的条件。从"公开"和"保密"的关系来看，公开国家秘密信息是有条件的，必须确保公开的信息不涉及秘密内容；而保密则是无条件的，信息公开必须确保国家秘密的安全。为了降低公开政府信息的风险，必须准确地区分不宜公开但未涉及国家安全和利益的事项与国家秘密，以及涉及国家安全和利益但可以公开的事项。同时，解密的前提和时机是确保信息解密后国家安全和利益不受损害，并且满足合法公众要求解密的情况，或者是信息敏感性消失且未满法定解密期。这样的做法既可以最大限度地保护国家秘密，又能够满足公众的知情权需求。

（一）风险防范的范围

在当前全球化、一体化的经济发展环境下，各国之间经济贸易、科技交流日益频繁。在界定信息涉及国家安全时，必须兼顾保护国家利益和推动国际交流合作的双重考量。借鉴国际经验，结合我国的具体情况，可以明确以下方面涉及国家安全的信息应当在互联网上豁免公开：

第一，涉及国防和国家秘密的信息，包括军事编制、军事部署等，其泄露可能对国家的国防利益造成损害。

第二，涉及国家重大外交利益的信息，如未经成熟条件下披露可能影响外交关系与信任。

第三，涉及公共安全和公共秩序的信息，如泄露可能导致公共安全受损，甚至危及人身安全。

第四，尚未公开的有关国家宏观经济政策信息，如未经批准的价格、工资调整方案等，泄露可能对经济稳定产生负面影响。

第五，涉及科学技术发展的保密信息，如航空航天技术等，其泄露可能损害国家科技优势。

第六，其他法律规定的应当保密的国家秘密，这需要依据最高立法机关制定的规范性文件进行具体判断。

总的来说，对于涉及国家安全的信息，必须谨慎对待，确保信息安全与国家利益的平衡。

（二）法律保障的意义

涉及国家政治安全、网络犯罪打击、网络系统安全，以及信息文化扩张等多个方面。在全球化和信息化的背景下，互联网已成为信息运作和传播的重要平台，但同时也带来了一系列的安全挑战和威胁。针对这些挑战，加强法律保障显得尤为重要。

第一，政治安全形势的需要使得国家必须加强对信息空间的控制和监管，以防止利用网络进行网络外交冲突等行为。在国际环境和国内环境发生变化的情况下，我国信息安全的国际环境和国内环境都发生了很大变化，信息安全威胁日益增加，而我国的信息安全防护能力相对较弱，急需法律保障来规范和管理。

第二，打击有组织网络犯罪的需要也是至关重要的。网络犯罪已成为信息安全的重要威胁，其中包括金融欺诈、网络赌博等。针对这些犯罪活动，加强法律保障是打击犯罪的有效手段之一。

第三，避免网络系统遭受安全攻击的需要也是法律保障的重要目标。网络系统一旦遭受非法入侵，信息流被篡改，将会对国家安全和社会稳定造成严重影响。因此，制定相关法律，加强网络安全管理，是维护国家安全的必要举措。

第四，防止信息文化扩张的需要也是法律保障的重要内容。网络文化传播对意识形态和价值观念具有重要影响，而一些敏感的政治文化信息的公开化可能会对国家政局产生不利影响。因此，加强对网络文化传播的监管，制定相关法律，是防止信息文化扩张的重要手段之一。

**二、相关法律规范和机制保障的完善**

（一）立法原则的完善

互联网信息安全相关法律规范和机制保障立法原则的完善，需要根据保障安全、适度平衡、促进发展以及协调适应等原则来制定和完善相关法律。

第一，保障安全原则是立法的根本出发点。互联网信息安全立法应将网络安全视为立法的首要考量，因为安全是互联网信息健康发展的基础。各国的互联网信息立法均以保障安全为基本原则，通过规定监控和认证等制度来保障信息安全。

第二，适度平衡原则是在保障国家安全的前提下权衡公民自由的重要原则。在国际人权法领域，国家安全与基本人权保障之间的权衡已成为重要内容。在制定互联网信息安全法律时，需要在保障公众知情权的同时，对涉及国家安全的信息进行严格保密，以实现"衡平"的原则。

第三，促进发展原则是鼓励和引导互联网信息健康发展的重要原则。立法应该为互联网的发展创造良好的环境，同时促进信息交流，从而推动互联网的发展。

第四，协调适应原则是指立法应与现行国内法律和国际公约相协调。尽管互联网改变了人们的行为方式，但现行法律仍然是互联网立法的基础。因此，立法应与现行法律相协调，并尽量与国际立法相一致，以避免阻碍互联网的发展。

（二）监管执法的完善

1. 互联网信息安全行政监管法律规范

（1）健全信息网络安全监管体制。为了解决信息网络监管机构之间的不协调问题，建议按照"谁运营、谁监管、谁负责"的原则，设立统一的信息网络监管体制。这一体制可以整合政府相关部门的监管职能，防范和制止利用信息网络进行的各种违法活动，并成立信息网络安全协调小组，解决跨部门的安全问题。同时，建立评估机制，综合评价政策措施的成本与效益，以确定可接受的风险水平和保障安全程度。

（2）建立信息网络安全应急管理体系。为了有效应对信息网络安全事件，建议探索建立"一元两层"的管理体系，包括建立国家应急协调机构和行业、地方政府的应急管理机制。在此基础上，建立准确、快速的预警监测、通报机制，并明确应急过程中的行政紧急权限和法律救济机制，以确保应急管理的顺利进行。

（3）完善信息网络安全行政责任承担形式。建议加大罚款力度和数额，以代替停机整顿处罚，并对单位信息网络安全责任人进行追究。对单位负责人的罚款可采取累计加重罚款制度，使其切实履行信息网络安全管理责任。同时，改变对单位负责人罚款的处罚形式，对其进行有效的责任追究，如治安管理处罚，以实现信息网络安全责任的真正落实。

（4）建立权力机关、行政机关和司法机关互相配合的监管机制，共同监督和管理信息安全工作，并成立专门机构协调信息保护工作，以实施全方位的信息安全调控。在有关法律中应明确规定关键部门建立信息系统需获得技术鉴定和许可，国家重要通信系统采用外国设备需经过鉴定，通信系统必须采用本国研制的密码装置等。

2. 加强国际司法合作，打击网络犯罪

为加强国际司法合作，共同打击网络犯罪，需要各国政府和立法、司法部门在立法和司法实践等层面加强沟通，增进共识，加强合作。尤其是在面对宗教、文化、技术等方面存在差异的情况下，国际社会需要协调立法和司法措施，以应对网络犯罪所带来的挑战。

在这一方面，可以采取以下努力：

（1）主动融入国际信息安全法规体系。在制定国内信息安全法律法规时，应充分考虑世界主要国家的信息安全立法现状以及相关国际条约和协定，以确保我国信息安全法规与国际接轨，促进国际合作。

（2）与更多国家签订引渡罪犯的协定。通过签署引渡协定，可以确保在境外危害我国信息安全的犯罪行为得到适当惩罚，加强国际司法合作，共同应对跨境网络犯罪活动的挑战。

这些举措有助于促进各国政府之间的合作，建立起更加有效的国际网络犯罪打击机制，共同维护全球信息安全和网络秩序。

# 第四节　公司资本制度的自治与强制

公司自治与国家强制之间存在天然的矛盾。公司自治以效率为导向，以个人利益的追求为表，以优化资源配置为里。国家强制以公平为导向，以各主体的公平竞争为表，以公共福祉的增进为里。公司自治应该得到显扬，但也并非绝对；国家强制可能是需要的，但应该保持限度。公司自治的保障、国家强制的实现是一个交互影响的系统工程，在法律上应当求解其正当性逻辑，并提供规范上的划界。

在市场经济条件下，公司资本自治与强制均有其不可忽视的价值取向：自治代表公司自主的权利，自治的程度与公司效率一般成正比关系；强制是政府为维护社会公平和交易安全而对公司行为进行的矫正与约束。无论是自治还是强制，最终目的都应当以激发市场主体活力，提高效率、促进社会财富增长为目标。因此，二者应当在促进效率提高又使市场不失秩序这一目标内获得平衡。2013 年我国的公司法修正，体现了二者关系的调整，总体上向着放松管制、扩大自治空间的方向发展。通过降低甚至完全不设资本门槛，实现了最大程度上的公司"宽进"，鼓励投资创业者设立公司的意图明显；对成立后的公司实施"严管"，由偏事前预防性强制到重事后监管式强制的走向已现。"宽进"并不是放弃"严管"，更不以放弃公平和秩序为代价，只是将事前预防变为事后规制，这是方式上的调整，而并非目标上的改变。

基于保护交易安全、保障债权实现而构建的过于严厉的公司资本立法，体现了浓厚的"强制"色彩，也体现了立法者的过度自负。其实，市场经济中的交易都是充满风险的，这是社会生活的常态：投资者设立与经营公司具有风险，与他人进行交易也彼此负有风险，但风险自负、责任自担是一条根本原则，这一原则不仅成就了股东有限责任，也是公司自治的责任基础。处于私法定位的公司法，面对缤纷多姿、活力四射的社会经济生活，一个超稳定、封闭性的规范体系既不正常，也充满危险。过多的强制会阻止各方对自己权利义务的灵活安排。每一个交易主体都是不同的，交易者的偏好也不尽一致，对需要交易者而言是好的东西对于其他人可能并不适合。过度的国家强制措施会阻止取得有效率的结果，甚至会泯灭交易的机会。

　　法律只按当时的情况具有适当性，从而只具有一般历史的价值。2013 年《公司法》第三次修正的成果表明围绕资本信用设计的公司资本制度已经结束了历史使命，公司信用的基础业已正本清源，回归到了资产基础，而捐弃了资本基础。公司经营之起点从资本萌发，偿债并非资本之结果，而为经营之结果。资本之担保功能是有限的，其正确的认知应是资本仅在"资本性资产"的意义上具有债之担保意义。因此，股东出资的真实性与公司分配资产于股东的合法性之间，构筑起了一道法律对资本制度规制的天然界限。在此，资本制度改革的导向被进一步明确，授权资本制下解开股东出资形式的桎梏，摒弃法定资本制成为最优之解。任何要素，只要其具有相应的价值，在自治的基础上，获得股东同意即可成为当然的出资，这是为公司契约理论以及长期的公司实践所证明的公司自治属性的必然要求。但是，即使公司自治也需要公司法规范的支撑，如果绝对地贯彻契约自由，反而会实质性地违反契约自由精神。

　　公司法的生命在于实践，而不仅仅是逻辑。从实然意义和各国立法、执法与司法实践来看，完全意义上的公司自治或者绝对的国家强制在各个实定公司法上都是不存在的。至于二者的存在与发展，可能与经济形势关系很大。每当自治状态出现混乱的时候总会有较强的干预性措施出台。2015 年 8 月最高人民法院发布并于 9 月生效实施的《关于审理民间借贷案件适用法律若干问题的规定》即是国家通过司法强制干预应对民间资金市场乱局的实例。每当经济形势趋向疲软的时候，放松管制的措施就会出现。2013 年对原公司法第二十三条第二项"法定资本最低限额"的修改即是国家通过立法放松管制的实例。实然世界中的国家策略在强制与自治之间摇摆，正如在一个生命的初期观察它的特性更具有典型意义一样，上述这种摇摆出现在中国改革开放初期的 20 世纪 80 年代。"摇摆"的状态也说明，自治和强制的边界是不断变动的，如同潮起潮落，海水与沙滩的界限不断变化一样。洋溢着制度理性的公司法规范应当尊重公司实践，认识和运用自治与强制之间界分的规律，在消弭外部效应、平衡保护公司各相关主体利益方面为公司内部和外部定分止争提供规范依据。

## 第五节　数字经济时代公司治理的变革与公司法应对

### 一、数字经济时代公司治理的变革

溯源历史，克拉克曼和汉斯曼在《公司法剖析：比较与功能的视角》一书中指出，公司治理主要存在三大利益冲突。但是，近百年后的数字经济时代，社会经济发生巨大的变化，大数据、人工智能、云计算和区块链等技术新要素介入，促使公司在生态环境、商业模式上发生改变，甚至颠覆了传统公司治理的组织结构、管理模式和治理方式。公司治理的新旧矛盾交叉存在，新的治理结构要素更加多样和复杂。近年来各国修改公司法，均以提升公司整体效率和竞争力为重要目标。

（一）提升中小股东行权的积极性

股东会作为公司的最高权力机关，《公司法》第三十七条规定了股东会 11 项职权，概括来说，主要是修改公司章程、决定公司经营和投资计划、决定高级管理人员的人事任免、审议董事会制定的方案和报告以及做出股东会决议等。要想做出合法有效的公司决议，从外在形式上看，股东会的召开程序要符合法律规定和公司章程的约定；每位股东能充分地发表自己的意见，意思表示自由；股东依据所持股权按照法律规定或约定进行投票表决。从决议的科学合理性而言，符合程序的决议并不一定是最优的决策，甚至有可能是不理性的。因为，决议的过程除了一股独大的一言堂外，决策参与者如果缺少足够的信息，就不能形成合理的决策，只有各抒己见的意思表示能够及时纠正不理性的提案内容。在此种意义上，股东会成员之间的信息和中小股东参与股东会的积极性就至关重要。

纵观数字经济时代，企业的数字化转型使得上述问题可以获得缓解，一方面中小股东获取信息的渠道增多，信息化和区块链不可篡改技术介入补强了数据的真实可靠性，且易于流动和分析使用，股东随时可以借助智能化的分析软件，辅助判断公司决议事项的科学合理性，有利于发表自己的意见，甚至可以用科学性意见改变大股东对提案的原有看法。另一方面，远程投票引发股东表决权行使的方式不受地理空间的限制，降低了股东参会的成本，激发了中小股东参与公司治理的意愿。同时，股东电子论坛平台，有利于把分散的中小股东集合起来，不仅可支持高质量的提案，筛除劣质议案，还可以有效地提升累计投票制的适用效果，集中小股东意志于一体，将中小股东的意志上升并传达到股东会。

（二）促进董事会发挥引导作用

董事会是公司治理的权力中枢，引导型董事会主动搜集信息，并完全交由经理班子去发挥经营决策作用。形式上，公司上有股东会下有经理层，实质上，《公司法》第四十六条规定了董事会的法定职权，其中包括方案制定权、事项决定权、向股东大会负责的事项、章程或股东授予的职权等。因为建立何种形式的董事会，股东大会具有选择的权力。董事会一经产生，股东大会便与之建立起信任委托关系，把特定的权力授予董事会。股东大会可以通过审定董事会方案决议、质询成员等手段贯彻自己的意志，除重大事项外一般不再干预董事会行使正常权力。

借助数字经济时代变革，当董事会要对企业发展方向做出及时的决策意见时，董事会可以借助大数据、人工智能和区块链技术等，凭借董事自身专业、技能、知识和商业经验，优化决策流程，提升决策效率。因为采用数字化管理方式，第一线的管理信息可以纵横共享，管理由线性层级转变成扁平化的管理格局，管理去中心化，执行决策的管理中心下移至经理层，甚至基层的管理人员，有利于董事会决策的理性化，避免个别董事的非理性行为，促使董事会在指导公司业务方面发挥积极作用。

（三）数字技术助力事前监督管理层

1993年我国《公司法》规定了监事会制度，2005年《公司法》延续并增加了独立董事制度，监事会是大陆法系国家的做法。传统的监督属于线下监督，《公司法》第五十三条规定监事会或监事有权检查公司财务、向股东会提出董事的罢免建议、要求董事会纠正错误、提议召开临时股东会和对董事提起诉讼等权力。上述检查权、建议权和请求权相对比较抽象，监事会无法据此直接约束董事的行为，存在的问题在于上述监督一方面多是事后监督，属于亡羊补牢，另一方面事后启动的监督行为，难以还原事件发生当时的情形，存在证据调取难和商业判断阻却的困境。

融入数字经济时代，利用数字信息和智能化的手段，监事会或监事可以前移监督的方式，通过建立数字化决策管理系统、违规监督追责系统、大额资金动态监测系统、重点工作在线督办系统、党建工作管理系统、数据采集交换中心、综合监测展示平台等智能化平台，可以把董事和高级管理人员在日常经营管理中存在的问题进行及时地跟进监督，智能化手段在监督成本上也是最优的选择。

（四）加强对利益相关者权益的关注

当下，利益相关者的内涵和外延十分广泛，无法被全部纳入《公司法》保护的范围。从传统法学角度，利益相关者分配给了不同的法律加以规范和调整，譬如，公司与职工和消费者的法律关系由劳动法和消费者权益保护法调整；公司与供应商的法律关系由合同法调整；公司与政府、社区的法律关系，由社会法和经济法等调整。有学者主张应保持这种调整状态，避免《公司法》演变成为"诸法合一"的法律领域。数字经济时代，譬如消费者从社会生产的相对独立的旁观者变成深度参与者，轻资产的科创型公司对技术型股东和科技型职工的依赖逐步加强，公司治理的核心不仅围绕公司内部机构的权力分配展开，还要协调其他各主体之间利益的平衡。公司的权力中心将会发生改变，以管理层及核心员工为代表的骨干团队的地位会直线上升，公司治理的主体转向掌握关键技术的董事会和管理层。如何激励内部经营者长期投入人力资本、智力资本和管理资本，将个人利益与公司长远利益相融合，将转变成为内外部公司治理的主要矛盾。

## 二、数字经济时代公司法的应对

数字经济时代，我们依然要扎根传统治理理论，围绕数字经济的时代特征，借助数字化的治理手段，力争在法律框架内打通授权、决策与监督的信息壁垒，立足治理环节的利益冲突，在公司法语境下建构符合中国经济体制的公司治理机制和系统。

（一）调适"去中心化"的治理结构

股东会是公司的权力机构，无论公司法法定或者章定赋予股东多大的职权，只有在召开股东会时才能行使职权。作为非常设机关，股东会不适合作为公司的权力中心。那么董事会是否就会是公司治理的权力中心？《公司法》第三十七条、四十六条采用列举方式规定了股东会和董事会的职权范围，从探寻治理的逻辑起点角度，当下需要为适应数字经济而动，回归至公司整体价值。从具体的技术规范角度解释，由于公司管理授权的下移，董事会中心主义难以解决实践中由经理层实现公司内部治理的现状，董事会将陷入既是监督者又是经营者的怪圈。因此，无论是哪个中心主义，都不是中国公司治理问题的一个真实选择。目前，征求意见的《中华人民共和国〈公司法〉（修订草案）》中第五十四条关于股东会基于董事会概括性笼统的权力授权，这种将默示权力分配给董事会的技术，依然无法明确界定公司的"经营方针和投资计划"权力范围。《公司法》修订草案对经理职权的授予，它不仅是公司内部职权的分配，而且直接牵扯到公司对外进行民商事活动的法律行为及效力。因此，需要建立一个外部影响内部的视角。

譬如,大数据普惠金融的技术迭代能增强获得资金的匹配精度,产业链融资介入金融拓展融资渠道降低了融资成本,弱化了公司对出资方的依赖。公司治理的关注点渐次转向公司整体,甚至是社会的局部,因为个别数据平台公司创造的财富富可敌国,涉及的业务生态覆盖了社会生活的方方面面,尤其上市公司在管理中应用区块链技术的智能合约,核心优势是去中心化,未来的治理可能依靠它来完成全球范围内的协同操作和资源配置。没有了唯一性的中心主义,参与治理的主体和链条都会是局部的中心,多元中心有利于促成各参与主体的利益平衡。

（二）强化股东积极主义的行权机制

当下普遍存在中小股东行权难是由多个原因造成的,一方面是中小股东本身考虑行权成本导致参与治理的积极性不高;另一方面是投票权决定的参与公司治理的力量大小不同,弱小的一方缺失话语权。实践中,在两方面原因结合下使得股东权利结构失衡,大股东挤压了中小股东行权的空间。数字经济时代,互联网、大数据、云计算和人工智能技术广泛融入实体经济,信息化手段介入公司治理,推动了中小股东积极行权的可能。譬如,利用网络终端远程投票有利于股东表决权的行使,中小股东不再受时间和空间的限制,以最低的物质成本完成参会和表决;同时建设电子论坛平台,鼓励中小股东在合理的时间提交和审议提案,减少了集体行动的成本。电子委托书征集降低个体间沟通的成本、提高了委托书征集的效能。上述创新手段积极地促进了中小股东参与会议提案,也便于表达投票的意愿,电子委托书征集通过累计投票制度选出代表自己利益的董事。应该在《公司法》的修订过程中秉承宜粗不宜细的规则,配套制定具体创新制度的实施细则,譬如,股东远程表决的程序、股东身份的验证和监管等规则。

（三）倡导多元董事会发挥专业决策功能

数字经济使得企业内部治理结构更加智能化和数字化,公司机构的内部分工更加专业和细化,前述的弱化"中心主义"争论,并不代表董事会在公司治理中的位置不再重要,相反,需要重塑董事会的功能,应该摒弃单一的"授权—执行—监督"基本框架，应充分衡量不同部门之间和部门内部设置的多元化可能。不但要避免职权泛化的大董事会行权方式，而且要组建专业化的董事会，一方面要在《公司法》修订中淡化"必设"部门的观念，若要确定为必设，得先论证设置的必要性，以便促进不同部门设置之间的联动与平衡；严守公司自治理念，同一类型的公司未必就适用同一套治理机制，不同阶段的公司治理结构允许有差异，譬如公司设立阶段就不需要完整的治理结构，初创型公司可以允许在一定时间内根据实际需要设计公司部门，只要有报备手续即可。另一方面，立法宜适当回应非常态化的内部机构和董事会人数限制问题，以便提升公司治理质效的灵活性。公司可以自主选择一个更适合自身的董事会规模及结构。继而，在构建多元化治理规则时，也应革新董事、监事和高级管理人员的资格与义务规则。

（四）赋权机构投资者积极参与公司治理

数字化转型背景下，投资机构利用大数据平台实时监测获取信息优势和专业技术的优势，使得其发挥高质量监督职能成为可能。其中自动化智能分析技术减少了个人的主观判断和人为操纵，除此之外，机构投资者也有充足的动力将区块链等技术利用到股东会、董事会等具体事务的决策中，拓展自身参与公司治理的途径。2018 年，中国证监会修订了《上市公司治理准则》，专门设置了第七章"机构投资者及其他相关机构"，其中第 78—80 条均为与机构投资者相关的内容，其中包括机构投资者参与公司治理的主要途径等。《公司法》第一百零三条对股份有限公司的股东表决权进行了规定，依照"一股一权"以及"资本多数决"的原则对股东决议内容进行投票。遗憾的是，现行《公司法》未明确机构投资者行使表决权的主体地位，容易造成责任的推诿，形成机构投资者参与治理之惰性。例如《证券投资基金法》未将行使股东权利视为基金管理人的基本职责，导致难以实现规制目的；同时，资本多数决机制沦为了控股股东的"保护盾"，在现行表决权规则下机构投资者处于劣势。征集投票代理权的规定也缺乏具体细节规则。在此情形下，我国缺少相关政策或立法指引，法律约束力松散使机构投资者参与公司治理更缺乏积极性。因此，在《公司法》修订时，应该完善机构投资者参与公司治理的配套措施，积极制定包括明确的投票标准、参与公司沟通政策、利益冲突管理政策、信息披露政策等相关规则。

# 参考文献

[1] 白玉洁. 虚拟财产的民法保护研究 [D]. 济南：山东财经大学，2023：33－41.

[2] 邓晔，王晨屹，洪琨凯. 人工智能时代行政执法问题研究 [J]. 宜春学院学报，2023，45（4）：31－36.

[3] 丁夕. 有限责任公司股东知情权探析 [J]. 法制博览，2023，(35)：52.

[4] 法规应用研究中心. 劳动合同法一本通 [M]. 北京：中国法制出版社，2021.

[5] 房晓俊，吴帅. IP元宇宙专利法律法规及专利实务可视化攻略 [M]. 上海：上海交通大学出版社，2021.

[6] 付海曼. 论网络虚拟财产的继承 [J]. 广西质量监督导报，2021（3）：268.

[7] 付济宇. 专利开放许可制度完善研究 [D]. 上海：上海财经大学，2022.

[8] 苟学珍. 未来经济法功能研究 [D]. 重庆：重庆大学，2022：129－171.

[9] 韩德利. 行政法原理 [M]. 北京：中国书籍出版社，2022.

[10] 何燕姜. 个人信息保护的《反垄断法》规制路径探讨——以手机App为例 [J]. 华章，2024，(04)：120－122.

[11] 侯东德，张可法. 数字经济时代公司治理的变革与公司法应对 [J]. 西北工业大学学报（社会科学版），2023，(02)：115－123.

[12] 揭莹，肖梅岐．经济法 [M]．重庆：重庆大学出版社，2020．

[13] 李旭东．论规范逻辑进程中的法律概念 [J]．哈尔滨工业大学学报（社会科学版），2021，23（04）：52．

[14] 李宗志．商标法中商标使用的体系化探究 [J]．经营与管理，2．

[15] 刘士国．民法典必修课 [M]．上海：上海人民出版社，2021．

[16] 刘爽．论民法总则与公司法的适用关系 [D]．合肥：合肥工业大学，2020：10－16．

[17] 栾瑞梓．劳动合同承继后劳动者权益保护问题研究 [D]．兰州：西北师范大学，2023：28－34．

[18] 潘慧明．经济法 [M]．杭州：浙江大学出版社，2019．

[19] 钱佳琦．经济法对社会整体利益的维护 [J]．黑龙江人力资源和社会保障，2021，（14）：51－53．

[20] 钱鑫．经济法视野下社会整体利益完善研究 [D]．长春：吉林财经大学，2023：21－28．

[21] 任春玲．公司法原理与实务 [M]．北京：北京理工大学出版社，2021．

[22] 伞淑丽．我国网络直播平台的行政法规制研究 [D]．北京：中国人民公安大学，2023：9－10．

[23] 申清平．解除劳动合同的补偿金与赔偿金如何选择 [J]．黑龙江人力资源和社会保障，2022，（06）：43．

[24] 万正艺．数字网络空间视域下知识产权的政策分析：环境－价值－行动者的维度 [D]．南京：南京师范大学，2021：170－193．

[25] 王栋．新《公司法》解读公司股东权利、义务和责任的变化 [J]．检察风云，2024，（07）：28－29．

[26] 吴香香．中国法上物权合同的适用范式 [J]．中国法律评论，2024，（01）：100－121．

[27] 向绍灯．专利开放许可制度及完善路径探析 [J]．江南论坛，

2023，(12)：54.

[28] 谢鸿飞，涂燕辉. 民法法典化：历史回溯、基础要件及经验启示 [J]. 贵州省党校学报，2022 (02)：103.

[29] 杨敏，程南，唐英. 公司法 [M]. 北京：中国政法大学出版社，2019.

[30] 袁远. 互联网金融法律理论与实务问题研究 [M]. 北京：中国法制出版社，2019.

[31] 岳冰. 论我国公司资本制度的自治与强制 [D]. 郑州：郑州大学，2021：62－75.

[32] 张艺潇. 分析法律对经济发展的作用 [J]. 今日财富，2020 (06)：181.

[33] 章文燕. 行政协议案件审理中民法规范的适用 [D]. 桂林：桂林电子科技大学，2023：13－30.

[34] 赵牧晓. 浅析我国劳动合同变更制度 [J]. 法制博览，2017 (27)：180.